HÉROES & VILLANOS

Una colección de pequeñas biografías de personajes históricos no necesariamente ejemplares, posiblemente contradictorios, definitivamente irresistibles.

Álvaro 'Corazón Rural'

CAPITÁN VENENO

Aguilera Munro: oficial de prensa de Franco

Libros del K.O.

PRIMERA EDICIÓN: septiembre de 2025

Infanta Mercedes, 92 - Despacho 511
28020 - Madrid

ISBN: 979-13-87839-08-6
DEPÓSITO LEGAL: M-15778-2025
CÓDIGO BIC: HBWP, BGH, 3JKF
DISEÑO DE CUBIERTA: Artur Galocha
ILUSTRACIÓN DE PORTADA: Alexandra España
MAQUETACIÓN: María O'Shea
CORRECCIÓN: Isabel Bolaños y Candela Morillas
IMPRESIÓN: Kadmos

IMPRESO EN ESPAÑA - PRINTED IN SPAIN
Las tipografías son Canela y Baskerville.

Índice

1.
¿El facha más facha de todos los fachas? 7

2.
El capitán Aguilera: Sublevación, exterminio… y cómo contarlo 16

3.
Entre montañas de cadáveres 38

4.
El capitán Aguilera toma Bilbao 62

5.
Carencias afectivas y conquistas sexuales: Gonzalo de Aguilera Munro, conde de Alba de Yeltes 98

6.
Eugenesia y ateísmo 113

7.
El filicida 129

8.
El conde en el diván 135

9.
Habría sido un gran tuitero 140

Agradecimientos 149

1.
¿EL FACHA MÁS FACHA DE TODOS LOS FACHAS?

Tengo serias dudas de que ese fenómeno llamado polarización sea una responsabilidad exclusiva de las redes sociales y los supervillanos de Silicon Valley que las custodian. Antes de X, Facebook o Instagram, el encuentro en Internet tenía lugar sobre todo en foros. En un principio, parecían ágoras del futuro para intercambiar conocimiento, ponían en contacto a gentes de lugares variopintos que por fin tenían con quién compartir sus obsesiones a tiempo completo. Por esta vía, surgieron muchas amistades en esa época; también parejas, incluso familias. Pero el invento tenía otra vertiente más prosaica.

Exactamente lo mismo que está sucediendo ahora con las redes ocurrió en muchos foros, casi en la mayoría. Los picos de mayor actividad fueron precedidos o seguidos, o ambas a la vez, de batallas campales, luchas sin cuartel y linchamientos inmisericordes. La violencia cibernética dio lugar a abandonos sonados y a un fenómeno como el de Bluesky hoy: inconformes con el foro, o con su moderación o falta de esta, un grupo de usuarios se fue para crear un foro nuevo. Secesión digital.

Estas dinámicas ocurrían en todas partes sin discriminación. Los foros podían ser de cine, de política, de cultura popular, de algún estilo de música concreto. Daba igual. El comportamiento humano era intercambiable en todos ellos. Y los foros sobre la guerra civil española tampoco estuvieron exentos de desenlaces similares.

De hecho, eran el lugar más propicio. Inicialmente, en estos espacios se podía notar que muchos usuarios llegaban para tratar de obtener información sobre sus antepasados. Ya fuese sobre episodios concretos de la guerra en los que participaron o, lo que luego terminó entrando en la agenda política, los desaparecidos. Había gente que quería averiguar qué le podría haber pasado a ese pariente del que no dejaba de hablar el familiar que le vio con vida por última vez.

Usar foros para encontrar desaparecidos no era algo exclusivo de España. Después de las guerras yugoslavas, hubo bastante actividad en este sentido. Los veteranos del conflicto intercambiaban recuerdos e impresiones entre bandos y, gracias a la información compartida, se podían encontrar cuerpos. El tono utilizado era más humano y respetuoso que aquí, posiblemente, porque los usuarios habían vivido el conflicto.

En los foros españoles, sin embargo, abundaban aficionados a la Historia. Aunque, dado el carácter de nuestra guerra, nunca han reflejado una exquisita neutralidad. Los roces eran frecuentes, las filípicas, constantes; y la discusión circular sobre ciertos temas, recurrente. Daba igual que en el foro o lista de correo hubiese académicos, la tensión siempre predominaba y los buenos post —en no pocas ocasiones plagiados después en los medios— eran excepciones.

La propaganda es una ciencia muy vieja y tan antigua como la política, pero en esos foros estaba empezando a articularse en formato digital la que iba a caer durante los próximos años, o décadas, sobre la Guerra Civil regurgitada. Sin embargo, por un momento, pareció que la vida política iba por otra parte, más elevada, más racional. El 20-N de 2002, con mayoría absoluta del Partido Popular en el Congreso, se aprobó por unanimidad la condena del golpe de Estado del 18 de julio, el reconocimiento de las víctimas de la represión de la dictadura, la indemnización de los exiliados y niños de la guerra y la apertura de las fosas comunes.

Esas fosas podían ser de soldados, muertos en el frente y enterrados de cualquier manera. No obstante, en enterramientos irregulares también estaban las víctimas de las primeras horas del 18 de julio. Todos aquellos que fueron asesinados a sangre fría por, en la mayoría de los casos, su filiación política o su lealtad al sistema democrático, la C31, que se diría empleando la jerga actual.

Esos asesinatos masivos, sostenidos en el tiempo y realizados de forma generalizada por toda la geografía conforme era conquistada por los sublevados, si no daban a la dictadura un carácter genocida, sí que la cimentaban sobre actos de genocidio: la eliminación física de todo rival político.

Desde antes de esa histórica proposición no de ley, que obligaba al Gobierno a aprobar una normativa de reparación, la Asociación para la Recuperación de la Memoria Histórica ya había excavado fosas por su cuenta. Ahí, de nuevo, Internet y los foros volvieron a cobrar importancia, porque fueron por delante de los medios y permitieron acceder a todas las fotografías de cada exhumación.

Eran imágenes altamente emotivas. Como ocurrió con Srebrenica o Ruanda, la combinación de huesos y enseres personales —tales como monederos, gafas o mecheros— conmovió a cualquier ser humano libre de cegueras políticas o religiosas.

Tal vez por este motivo, tal vez por otros relacionados, pocos meses después de aquel 20-N, en febrero de 2003, Carlos Dávila entrevistó en su programa de La 2, *El tercer grado*, a Pío Moa, militante arrepentido de los GRAPO, autor de *Los mitos de la Guerra Civil* (La Esfera de los Libros). La obra cuestionaba la legitimidad del gobierno del Frente Popular en 1936 por un supuesto fraude en las elecciones y denunciaba que sus objetivos revolucionarios contemplaban transformar la República en una dictadura comunista, por lo que el golpe de Estado de 1936 tenía una justificación.

Esta entrevista marcaría, de forma simbólica, un antes y un después. La redacción de la entradilla ya iba fuerte: «a medida que se abre distancia en el tiempo, se publican también nuevas aportaciones sobre aquella contienda que, en algunos casos, cambia la percepción de lo sabido hasta ahora». La siguiente frase te sonará: «(el autor) está siendo silenciado por lo que podría llamarse la historiografía oficial». A nadie se le escapa, con lo que sabemos hoy de guarreo informativo, que la presentación reúne las condiciones prototípicas de la difusión de bulos y pseudociencias varias.

Podría decirse que, hasta entonces, la interpretación predominante de la guerra apuntaba a que los militares, junto a elementos oligárquicos y con la colaboración y bendición de la Iglesia católica, habían dado un golpe de Estado para apoderarse del país. La visión de Moa, simplemente, le daba la vuelta. Los golpistas eran los republicanos, como prueba la revolución del 34 promovida por el PSOE y ERC, y la guerra al fin y al cabo fue una reacción de autodefensa. Y el más golpista era Manuel Azaña. Su prestigio «no casa con la realidad», explicó Moa aquel día.

Ya no había que avergonzarse de ser franquista o de tener antepasados que habían participado activamente en la guerra o el Régimen. No eran asesinos, ni carceleros ni fascistas como Hitler o Mussolini, o peones de una dictadura en el mejor de los casos. Solo era gente que actuaba en legítima defensa y para salvaguardar la independencia del país, a punto de caer en las redes de la Unión Soviética de Stalin. Entre los incendiarios discursos de la época y la retórica revolucionaria que sin duda abundaba en los partidos y sindicatos de izquierda, a Pío Moa no le faltaron citas y ejemplos para defender sus tesis.

Esas conclusiones tampoco es que fueran novedosas, no era Moa el primer historiador franquista, pero tuvieron un gran impacto en las nacientes redes, entonces solo foros y listas de correo. Sirvieron de munición para el combate digital, el cual, tras el atentado del 11-M y el terremoto político que supuso, fue alcanzando unos volúmenes ensordecedores para el momento (ahora a ese escándalo lo llamamos normalidad). Como consecuencia, unos foros de la guerra se abandonaban, aparecían otros nuevos... A partir de cierto punto, fue realmente difícil conversar sobre cualquier aspecto de la guerra sin que la disputa sobre quién fue el responsable de iniciarla lo invadiera todo. Un estruendo desmovilizador que, ni más ni menos, es exactamente lo mismo que sucede hoy en redes como X.

En un momento en el que la gente que pedía reparaciones —o una sepultura digna— para los desaparecidos se encontraba con cientos de mensajes de que ellos habían sido los responsables de la contienda, empezaron a circular fragmentos de un artículo[1] publicado por

[1] Preston, Paul, «The Answer Lies in the Sewers: Captain Aguilera and the Mentality of the Francoist Officer Corps», *Science & Society*, vol. 68, n.º 3, 2004, pp. 277-312.

el historiador Paul Preston en 2004. El texto lo componían una serie de frases pronunciadas por un capitán franquista ante los corresponsales de guerra extranjeros. Su contundencia era tal que cualquier entelequia teórica sobre la guerra que hubiesen pergeñado Moa y sus afines, por muy elaborada que fuese, saltaba por los aires. Una de las bravatas decía:

> Es una guerra de razas, no simplemente una guerra de clases. No lo entiendes porque no te das cuenta de que en España hay dos razas: una raza esclava y una raza dominante. Esos rojos, desde el presidente Azaña hasta los anarquistas, son todos esclavos. Es nuestro deber devolverlos a su lugar, sí, volver a encadenarlos si es necesario.

Verter en Internet citas o frases sin ningún contexto también lo podían hacer los demás. Por este motivo, las palabras del capitán Aguilera Munro, que así se llamaba, empezaron a ser muy populares en estos foros para sostener y reforzar las tesis de quienes defendían que la guerra había tenido episodios genocidas.

Se empleaba especialmente una reflexión del capitán de la que dio parte Charles Foltz, corresponsal de *Associated Press*, que entraba en el terreno de lo inverosímil. Por mucho que fueran los años treinta, eran unas palabras que no se pronunciaban ni aunque se pensasen. Eran demasiado extremas, de película gore. De hecho, parecían las líneas de guion de un supervillano de película.

Las alcantarillas causaron todos nuestros problemas. Las masas en este país no son como las americanas, ni siquiera como las británicas. Son descendencia de esclavos. No sirven para nada más que para ser esclavos, y solo cuando son utilizados como esclavos son felices. Pero nosotros, la gente decente, cometimos el error de darles viviendas modernas en las ciudades donde tenemos nuestras fábricas. Instalamos alcantarillas en estas ciudades, alcantarillas que llegan hasta los barrios de los trabajadores. No contentos con la obra de Dios, así interferimos con Su Voluntad. El resultado es que la descendencia de esclavos aumenta. Si no hubiera alcantarillas en Madrid, Barcelona y Bilbao, todos esos líderes rojos habrían muerto en su infancia en lugar de agitar a la chusma y causar el derramamiento de buena sangre española. Cuando termine la guerra, deberíamos destruir las alcantarillas. El control de natalidad perfecto para España es el control de natalidad que Dios quiso que tuviéramos. Las alcantarillas son un lujo que debe reservarse para quienes lo merecen, los líderes de España, no para la descendencia de esclavos.

Difícil sintetizar tan bien en un solo párrafo todos los fantasmas que tenían en la mente los aficionados a la Historia que simpatizaban con el bando republicano. La democracia del 31 no fue más que un intento de emancipación del pueblo español, postergado durante décadas, con el que se sentarían las bases de una educación decente, servicios asistenciales elementales y una legislación laboral mínimamente humana. Sin embargo, antes de ceder un milímetro, la oligarquía prefirió echar mano de un ejército enloquecido en África para aniquilar cualquier articulación política que persiguiera esos objetivos, exterminando o, en el mejor de los casos, encarcelando a todos sus responsables, representantes, militantes y simpatizantes. Si esta es la conclusión a la que se llegaba leyendo las principales obras que cubrían el periodo, la teoría de las alcantarillas helaba la sangre, porque lo recrudecía todo. Los fachas eran mucho más fachas de lo que se pensaba. Y ese capitán debía de ser el facha más facha de todos los fachas.

Sin embargo, por raro que parezca, hay división de opiniones sobre este extremo entre los profesionales. Tras repasar la documentación disponible, que es más bien escasa, se llega a la conclusión de que el capitán fue un personaje completamente atípico, incluso extravagante y polifacético, hasta el punto de que a menudo mostró versiones de sí mismo opuestas entre sí. No solo eso, las dejó escritas. Sus textos y biografía pueden abrir el debate sobre si era un monstruo, un hijo de su tiempo o solo alguien ocasionalmente cantamañanas; pero hubo un suceso al final de su vida demasiado contundente como para dejar espacio a la duda: asesinó a sus dos hijos. Para intentar profundizar en cómo pudieron ser pronunciadas esas palabras y cuál era su significado real, para tratar de entender a ese hombre, si es que eso es posible, quizá sea mejor trasladarse al contexto en el que fueron pronunciados esos discursos.

2.
EL CAPITÁN AGUILERA: SUBLEVACIÓN, EXTERMINIO... Y CÓMO CONTARLO

Hay dudas entre los historiadores sobre cómo iba vestido Franco en el Dragon Rapide que le llevó a Marruecos el 18 de julio de 1936. Algunos han insinuado que se puso ropas árabes e incluso hasta un turbante, pero todos coinciden en que se afeitó el bigote para hacerse pasar por Antonio Sangróniz, el diplomático que le prestó su pasaporte. Paul Preston se pregunta si será cierta la versión de su primo, Francisco Franco Salgado-Araujo, Pacón, o la de Joaquín Arrarás, que sostiene que se quitó el bigote durante el vuelo. Cuesta creer que se afeitara en seco dentro de un inestable avión. Sea como fuere, ese detalle sirvió para que Queipo de Llano, celoso del poder que empezó a acumular Franco, dejara una frase para la historia: «lo único que ha sacrificado por la causa nacional es el bigote».

Lo que sí se sabe es que puso en riesgo su integridad física. Cuando se dirigía en coche al remolcador España II que le llevaría al aeródromo militar de Gando, en Gran

Canaria, para subirse al biplano, fue visto por el teniente coronel de la Guardia Civil, Emilio Baráibar, y el gobernador civil, Antonio Roix, que tenían orden del Ministerio de Gobernación y de la Dirección General de la Guardia Civil de capturar a Franco vivo o muerto. En un momento dado, al remolcador lo tuvieron a tiro de pistola desde tierra[2], pero Roix se negó a dar la orden. La escena forma parte de los muchos episodios de nuestra historia que no se han convertido en películas, pero que serían argumentos magníficos. ¿Qué se le pasó por la cabeza al gobernador? En ese momento, el ejército ya se había desplegado por la ciudad y solo les quedaba por tomar la sede del Gobierno Civil, que aguantó dos días y era donde se encontraban ellos. Allí se habían congregado representantes de las fuerzas políticas de izquierda y dirigentes de la Federación Obrera[3], que les pedían a Baráibar y Roix que abrieran fuego. Pero tomar esa decisión no era sencillo. Entre el caos, las órdenes contradictoras y los movimientos frenéticos de esas horas, la hipótesis de los historiadores es que no atacaron para evitar un baño de sangre. También se especula si por este motivo, en 1938, cuando Baráibar y Roix fueron condenados a muerte, Franco les conmutó la pena.

[2] González, Antonio G., «Franco, a tiro de pistola», *Las Provincias* (edición web), 12 de septiembre de 2011.

[3] Ferrer Muñoz, Manuel, «Gran Canaria ante la coyuntura histórica del 18 de Julio de 1936», *Anuario de Estudios Atlánticos*, n.º 40, 1994, pp. 345-388.

Ya en el Dragon Rapide, Franco se volvió a jugar la vida. En Casablanca, no había luces en la pista de aterrizaje. Estaban apagadas. Escasos de combustibles como iban, entraron en pánico. ¿Les habían tendido una trampa? ¿Habrían tomado cartas en el asunto las autoridades francesas?[4]. El piloto, Cecil Bebb, se las arregló para tomar tierra como buenamente pudo y, al final, descubrieron que simplemente se había producido un fallo eléctrico. Allí hicieron noche y crónicas menos emocionantes sostienen que el bigote se lo quitó en el hotel. Al día siguiente, salieron para Tetuán y sobrevolaron la zona para ver si abajo les esperaban amigos o enemigos. Desde el aire, Franco divisó a sus camaradas, los reconoció y vio que era seguro bajar. También tuvo suerte. Escasas horas antes, su primo, el mayor Ricardo de la Puente Bahamonde, destituido como comandante de la base aérea de León en 1934 por su negativa a disparar a los huelguistas, había tratado de asegurar el aeródromo para la República. Fracasó, pero antes de rendirse y ser arrestado, había inutilizado los Breguet 19 que se encontraban en la base. De niño fue uno de los amigos más íntimos de Franco, pero la ideología los había separado de adultos. Se dice que el futuro caudillo en los años treinta le llegó a decir: «Un día voy a tener que fusilarte». Pues ese día llegó, pero Franco no lo hizo. Hay fuentes que aseguran que cedió el mando al gene-

[4] Webster, Jason, *¡Guerra!*, Cisne Negro, 2007.

ral Luis Orgaz solo veinticuatro horas para que firmara él la condena de muerte; es decir, que consintió la ejecución, pero se ahorró el trago de rubricar la sentencia de su primo. Aunque las fuentes más benévolas consideran que lo que hizo fue «no intervenir» para que no pareciera que favorecía a un familiar a las primeras de cambio. De la Puente fue fusilado el 4 de agosto y, según la versión más afín al caudillo, este «palideció», porque seguía sintiendo afecto por él.

Esta experiencia refleja muy bien lo ocurrido durante aquellas horas en las que el golpe de Estado contra la República fracasó pero no fue aplastado, y como consecuencia hizo estallar una guerra de tres años. La toma de posiciones para lanzarse hacia el poder se redujo a lo que Franco acababa de hacer con su primo: cargarse a todo adversario reconocido o potencial.

Así como ese gobernador civil de Gran Canaria titubeó a la hora de prender a Franco, o cargárselo ahí mismo, y le dejó marchar, el Gobierno de la República subestimó la sublevación y tampoco actuó ni con la diligencia ni la implacabilidad que exigía la situación. En cambio, a los militares rebeldes no les tembló el pulso ni con sus familiares más cercanos.

Un día después de su llegada a Tetuán, el periodista Luis Antonio Bolín Bidwell cogió de vuelta el Dragon Rapide con la intención de dirigirse a Roma para obtener ayuda militar de Mussolini. Allí fue recibido por Galeazzo Ciano, ministro de Asuntos Exteriores, quien intercedió ante el Duce, en principio reacio a prestar ese apoyo, pero que acabó cediendo. Los aviones italianos fueron clave para que las tropas africanas pudieran cruzar el Estrecho y llegar a la Península[5]. Franco, por su parte, esos días le subió el sueldo a los legionarios y sentó las bases para reclutar más voluntarios marroquíes o regulares. Tenía muy claro que esas tropas, como ya lo habían hecho en 1934, debían llevar el peso de la ofensiva hasta Madrid. Los sublevados actuaron con determinación, recibieron la asistencia temprana de los fascistas italianos y emplearon como vanguardia militar a una tropa tan profesional como despiadada.

Bolín había sido agregado de prensa en la embajada de España en Londres y corresponsal de *ABC*. Por encargo del director de su periódico, Juan Ignacio Luca de Tena, hizo todas las gestiones para que el Dragon Rapide llevara a Franco y Kindelán a Marruecos y que pudieran ponerse al mando de las tropas africanas. Culminó la operación con éxito y fue nombrado jefe de prensa de Franco y responsable de la imagen en el extranjero. Una vez iniciada la guerra, cuando se instaló en Salamanca, puso en marcha la Oficina de Prensa y Propaganda, en la que el capitán Aguilera Munro desempeñaría ese papel que ha pasado a la historia. Su cometido era controlar la narrativa de la guerra a cualquier precio, inclu-

[5] Saz-Campos, Ismael, «De la conspiración a la intervención. Mussolini y el Alzamiento Nacional», *Cuadernos de trabajos de la Escuela Española de Arqueología e Historia en Roma*, n.º 15, 1981, pp. 321-358.

so amenazando de muerte a los periodistas extranjeros. Aun así, la misión no era nada sencilla. Los crímenes franquistas se contaron por millares y con frecuencia revistieron especial crueldad. Rebosaba la sangre y no era fácil limpiarla ni esconderla. Tampoco era sencillo convertir a las víctimas en verdugos.

La violencia que se desató en España con la guerra fue de carácter ideológico, pero la que aportaron las tropas llegadas de África tuvo un carácter de conquista medieval. Los oficiales españoles del ejército sublevado alentaban en sus tropas marroquíes la épica de la obtención del botín para compensar que se les empleara de carne de cañón, así como para fortalecer su leyenda, para extender el terror. Eran un arma psicológica. En los primeros compases de la guerra, cada toma de pueblos o ciudades de Extremadura, Castilla y Andalucía recordó a las razias que se habían producido en el Rif: entrada a sangre y fuego seguida de saqueo, destrucción, violaciones y matanzas de la población civil; con un rastro de destripamientos, decapitaciones, mutilaciones y amputaciones de orejas, narices, testículos…[6]. La única diferencia entre legionarios y regulares era que unos remataban a sus víctimas con la bayoneta y los otros con la gumía, un cuchillo corvo.

Los hitos de esta modalidad de guerra que más impactaron a los corresponsales extranjeros se produjeron,

[6] De Madariaga, María Rosa, *Los moros que trajo Franco*, Alianza Editorial, 2015.

primero, en Badajoz. El 14 de agosto de 1936, legionarios y regulares entraron en la ciudad ejecutando *in situ* a todo el que tratara de defenderla, unas dos mil personas (aunque los corresponsales extranjeros hablaron inicialmente de cuatro mil) asesinadas en la plaza de toros. Como es bien sabido, según el corresponsal John T. Whitaker, el general Juan Yagüe manifestó sin arriendos que matarlos a todos era lo lógico y normal —«naturalmente» fue el término exacto que se dice que empleó— porque no podía dejar al enemigo en la retaguardia. Cuando la ciudad ya estaba tomada, hubo milicianos que siguieron resistiendo solo porque sabían de antemano cuál iba a ser su destino. El biógrafo de Yagüe, Juan José Calleja, escribió: «Los africanistas tenían la consigna de propinar a las crueles turbas un mazazo rotundo y seco que las dejase inmóviles al atravesar ese territorio que aún se desangraba bajo el efecto de espeluznantes crímenes»[7].

En Toledo siguió la misma tónica. Los sucesos más luctuosos quizá se vieron en el Hospital de San Juan, donde se asesinó a los médicos y pacientes. En algunos casos, lanzando granadas sobre los heridos. «Por la calle principal corría la sangre hacia las puertas de la ciudad», escribió Peter Kemp, un británico que viajaba empotrado en la Legión. El motivo de esta crueldad, según el relato de Kemp, fue el hallazgo de los cuerpos mutilados

[7] Espinosa, Francisco, *La columna de la muerte*, Crítica, 2017.

de dos aviadores nacionales en las afueras. Estas justificaciones eran típicas de los corresponsales extranjeros supervisados por el capitán Aguilera. Servían para rebajar su gravedad o desinformar directamente, pero lo cierto es que la combinación de legionarios y regulares tuvo naturaleza exterminadora durante los primeros meses de la guerra.

Los testigos y periodistas extranjeros fueron un quebradero de cabeza para los militares sublevados en Toledo y Badajoz. En centenares de pueblos, sin embargo, no se enfrentaron a ninguna oposición efectiva ni a ojos que contaran las matanzas. Su enemigo era civiles armados con escopetas de caza, hachas, palos, armas de museo... Cuando se va al detalle se descubren casos como el del jornalero Ramón Franco Escudero, Boquineto, armado con «una vieja escopeta de pistón» que salió él solo al paso de una columna que llegaba a Llerena, hizo frente al tanque que la encabezaba y fue fulminado de un certero cañonazo[8]. También Zafra, que contaba ocho mil habitantes en 1936, fue defendida por un solo miliciano en una resistencia de película. Vale como crónica breve el relato del historiador José María Lama: «Sin más resistencia que la de Cirilo, subido con un máuser en un árbol, que fue abatido»[9]. A continuación,

[8] Espinosa, Francisco, *La columna de la muerte*, Crítica, 2017.

[9] Lama Hernández, José María, «Zafra, 1927-2017. Noventa años de una ciudad y de sus gentes», *Revista de estudios extremeños*, vol. 73, n.º 2, 2017, pp. 2245-2284.

se saquearon los hogares señalados en una lista, y el comandante Castejón tomó a los prisioneros y los sacó de la ciudad atados por una cuerda en grupos de siete u ocho. Partieron a Los Santos, una población a cinco kilómetros. En cada parada del camino, el comandante mandaba fusilar a un grupo y, terminada la faena, abandonaba los cuerpos en la carretera, dejando tras de sí un reguero de cadáveres.

Esta guerra de exterminio fue el contexto en el que se presentó para la posteridad el capitán Gonzalo Aguilera Munro, conde de Alba de Yeltes.

El capitán, pese a que conocía personalmente a los principales conspiradores del 18 de julio, no había participado en absoluto en la trama para derribar la democracia en España. Como tantos otros, reaccionó con el asesinato de Calvo Sotelo el 13 de julio de 1936. En este episodio se ha querido situar machaconamente otro de los «detonantes» de la Guerra Civil con la intención de restarle gravedad al 18 de julio. Si bien la noticia pudo llevar a muchos, llegado el momento, a sumarse al golpe, este ya estaba previsto de antemano. Cuando Aguilera Munro recibió la noticia, hizo las maletas y salió de Madrid con lo puesto, junto a su mujer e hijos, hacia su caserón en Carrascal de Sanchiricones, en Salamanca. Tuvo buen olfato o buenos informadores, porque muchas familias conservadoras decidieron quedarse en la capital, sintiéndose más a salvo junto a los centros de poder. De hecho, los familiares del capitán que se quedaron sufrieron un verdadero calvario. Su cuñado, el general Abilio Barbero Saldaña, murió un año después del fin de la guerra. Había estado preso en Madrid y, posteriormente, en Barcelona. Su mujer, hermana de Gonzalo, que sufrió similares penurias, lo hizo un mes más tarde que su marido. El biógrafo del capitán, Luis Arias González[10], lanza la hipótesis de que la situación de su familia, atrapada en Madrid, con la que se comunicaba a través de la Cruz Roja, pudo ser una de las causas de su brutal animadversión hacia el enemigo.

Sin embargo, el capitán estaba listo para unirse al golpe sin necesidad de estas noticias. Cuando se enteró de la rebelión, estando ya en el caserón con los suyos a salvo, volvió a coger el coche y se presentó en el Gobierno Militar de Salamanca. La paradoja, y es bastante llamativa, es que no le dieron ningún destino. En un momento en el que todo hombre era útil en los primeros compases de la sublevación, el general Manuel García Álvarez y sus colaboradores, que no eran pocos, pasaron de él. Ese gesto demuestra que entre sus compañeros de armas muy bien no caía.

Enérgico como era, no se quedó en el gesto simbólico. Cogió el coche otra vez y se fue a Burgos, donde el 24 de julio pudo reunirse con Emilio Mola, con quien había coincidido en Marruecos. El gran muñidor de la

[10] Arias González, José Luis, *Gonzalo de Aguilera Munro, XI Conde de Alba de Yeltes (1886-1965). Vidas y radicalismo de un hidalgo heterodoxo*, Ediciones Universidad de Salamanca, 2013.

sublevación, también de las instrucciones para la eliminación física de los rivales, sí que encontró un destino para él. El aludido puesto de oficial de prensa.

Su función consistía en ser enlace y correa de transmisión de la información y propaganda elaborada por el nuevo Estado que se estaba gestando[11]. Los oficiales de prensa solían tener en común el dominio de idiomas, antecedentes familiares en el extranjero o estancias fuera de España y, lo más importante, una identificación absoluta con los principios del Alzamiento. El Gabinete de Prensa de la Junta de Defensa Nacional, del que emanaban las órdenes, estaba dirigido por el pronazi Juan Pujol Martínez —director del diario *Informaciones*, subsidiado en España por el Tercer Reich—, con la asistencia de Joaquín Arrarás —convertido luego en historiador y padre de muchas de las teorías de justificación del 18 de julio que aún hoy perduran—. Pocos meses después, en octubre, nada menos que Millán Astray sustituiría a Pujol, y al elenco se uniría Ernesto Giménez Caballero —de personalidad cercana a Aguilera Munro y que merecería un volumen aparte—, entre otros, como Víctor de la Serna o Pablo Merry del Val, al que se le coló hasta la cocina el agente doble de la Unión Soviética Kim Philby[12].

[11] Arias González, José Luis, «El papel del oficial de prensa en el Bando Nacional», *Investigaciones históricas: Época moderna y contemporánea*, n.º 33, 2013, pp. 199-234.
[12] Bocanegra, Enrique, *Un espía en la trinchera. Kim Philby en la Guerra Civil española*, Tusquets, 2017.

Las consignas de la sublevación tenían que ser trasladadas a los periodistas por los oficiales de prensa como órdenes, en un sentido jerárquico y militar, de tal manera que estos les facilitaban a la prensa la información que se iba a publicar casi en su totalidad y luego la supervisaban y censuraban si era oportuno. En un trato tan estrecho y desigual hubo todo tipo de disputas, pero también se establecieron relaciones singulares.

Gonzalo Aguilera Munro era un individuo de un carácter extrovertido, curioso, culto, divertido, teatral, tal vez histriónico. No es que no pasase inadvertido, es que ningún corresponsal de los que trataron con él pudo olvidarle. Las palabras que pronunció delante de ellos tuvieron un recorrido que, como hemos visto, llega hasta nuestros días. No solo por la atención de Preston, sino porque apareció en los libros de memorias que escribieron estos periodistas y sus charlas, con variaciones debido a su origen oral, quedaron inmortalizadas desde los años cuarenta.

La primera de ellas circuló en esos primeros meses de guerra, cuando se estaba produciendo en España el baño de sangre. El capitán se hizo famoso por contar que había asesinado con sus propias manos a seis jornaleros de su finca. Fueron unas palabras difundidas por Kemp, pero que no se correspondían con la realidad. Aguilera las había pronunciado como *boutade*, para causar impresión a los extranjeros. Su biógrafo considera que incluso pudo soltarlas cumpliendo órdenes. El 25 de abril, Mola había hecho circular de forma clandestina sus tristemente célebres cinco instrucciones reservadas en las que advertía a los conspiradores de que esa no podía ser una «sublevación romántica» más, como las del XIX, y les ordenaba ser implacables con los rivales. Decía la primera de ellas:

> Se tendrá en cuenta que la acción ha de ser en extremo violenta para reducir lo antes posible al enemigo, que es fuerte y bien organizado. Desde luego serán encarcelados todos los directivos de los partidos políticos, sociedades o sindicatos no afectos al movimiento, aplicándoles castigos ejemplares a dichos individuos para estrangular los movimientos de rebeldía o huelgas[13].

Y la quinta, del 19 de julio:

> Es necesario crear una atmósfera de terror, hay que dejar sensación de dominio eliminando sin escrúpulos ni vacilación a todo el que no piense como nosotros. Tenemos que causar una gran impresión, todo aquel que sea abierta o secretamente defensor del Frente Popular debe ser fusilado[14].

[13] Alía Miranda, Francisco, *Historia del Ejército español y de su intervención política*, Los libros de la catarata, 2018.

[14] Mola, Emilio, *Instrucciones reservadas*, emitidas en 1936. Recogidas en: Gobierno de Aragón, *Respuesta a la solicitud de actas de acuerdos en los que se aprueba la retirada de símbolos que estuvieran incumpliendo la Ley de la Memoria Histórica*, 2022.

El efecto que estas órdenes causaron en Queipo de Llano, por ejemplo, ha sido muy difundido. Este general advertía por la radio que sus enemigos «vivirán pocas horas» y les decía «id preparando sepulturas», «aún estarán calientes los cadáveres de los últimos marxistas que mandemos enterrar», «no sé qué va a pasar porque si nosotros damos en fusilar diez por cada víctima que hagan, vamos a resolver el problema del paro», etc., etc. Según escuchó Kemp, Aguilera Munro habría mandado formar en fila india a todos los jornaleros de su finca y habría disparado contra seis de ellos al azar «para dejar bien claro quién seguía siendo el amo».

En realidad, fue al revés. El capitán había dado instrucciones a su mujer y a su hijo mayor de que, cuando se presentasen en su finca falangistas con la intención o de prender o interrogar a sus trabajadores, se opusieran y les instasen a abandonar su propiedad. Sin embargo, el capitán difundió ese bulo sobre sí mismo, probablemente, para estar a la altura de la extrema brutalidad que exigían el bando y las circunstancias, y de paso imponer autoridad sobre esos periodistas que iban a tener que seguir sus órdenes en lo sucesivo. Pasados los años, en 1957, cuando apareció el libro de Kemp con esa historia, le envió una carta explicándole la realidad al inglés, que nunca más volvió a mencionar el suceso en sus siguientes obras y accedió a eliminar el fragmento de la edición española. En los registros de represaliados del área charra, desde luego, no ha aparecido nunca nada que constate esas palabras; ni esas, ni muchas otras, como que era descendiente de Moctezuma, que también lo iba diciendo.

Muy posiblemente, el capitán podría haber elegido una manera menos gráfica de sorprender a los plumillas, pero en esta confusión, que ha llegado intacta a no pocos artículos y libros sobre la guerra, ya se aprecia claramente su personalidad: un amigo del exabrupto y poco dado al autocontrol. Alguien más idóneo para la barra de un bar que para una guerra. Pero tampoco se puede decir que fuera el único que gustase del exabrupto genocida. La periodista estadounidense Virginia Cowles también dejó constancia de una frase proferida por su compañero, el capitán barcelonés Ignacio Rosales: «no se puede educar a las masas que necesitan un azote porque son como perros y solo harán caso del látigo. No hay capacidad de comprensión en este tipo de gente, hay que tenerlos bien sujetos. Bien abigarrados, donde tienen que estar». No se sabe quién imitaba a quién, pero como estaban en la misma unidad, el ambiente que había en esa retaguardia se deduce proclive a este tipo de comentarios.

Con esa actitud, una de las primeras víctimas que se cobró Aguilera fue Miguel de Unamuno. El capitán fue el encargado de llevar a Hubert Knickerbocker, del *International News Service*; Harold Cardozo, del *Daily Mail*; y André Salmon, del *Petit Parisien*, desde Burgos hasta Salamanca para entrevistarlo. Lo que se dijo en esos textos, supervisados por el capitán, motivó que el presidente

Azaña destituyera al escritor como rector de la Universidad de Salamanca el 23 de agosto y que en Bilbao retiraran su nombre de una calle y de un instituto. Posiblemente, el escritor recibió la decisión de Azaña con alegría, porque Unamuno estaba aterrado por lo que estaba viendo y muerto de miedo por lo que pudiera pasarle a sus familiares. Tanto fue así que compró de alguna manera su protección aportando cinco mil pesetas al Movimiento Nacional, cuando su pensión de jubilación era de mil pesetas mensuales[15]. Un donativo que la propaganda franquista elevó a cincuenta mil en sus medios de comunicación.

En ese primer verano de la guerra, las imágenes de Madrid y Barcelona que circulaban por todo el mundo no eran las de un Estado movilizando a su ejército para sofocar un golpe de Estado, sino la de comunistas, socialistas y anarquistas haciendo la revolución. El Gobierno tuvo que recurrir a las milicias de partidos y sindicatos cuando comprobó que no podía confiar en el ejército, pero esta escenografía le estaba haciendo propaganda gratis a Franco en las democracias europeas y en Estados Unidos. Difícilmente partidos burgueses, conservadores o cristianos iban a poder simpatizar con la causa del puño cerrado y las colectivizaciones. Aguilera había llevado a los corresponsales a Salamanca al encuentro

[15] Lucas, Antonio, «Las 5000 pesetas de Unamuno para sufragar el golpe de Franco en 1936», *El Mundo* (edición web), 1 de noviembre de 2021.

con Unamuno para explotar ese filón. Un escritor liberal que había apoyado a la República y se había distinguido especialmente en su oposición a la dictadura de Primo de Rivera, era un trofeo de caza mayor.

En la entrevista de Knickerbocker —que apareció en los diarios salmantinos *El Adelanto* y *La Gaceta Regional*[16]— cada frase era oro para la causa de Franco. Un escritor de relieve internacional que denigraba a los republicanos negándoles su propia identidad: «...el Gobierno de Madrid y todo lo que representa se ha vuelto loco, literalmente lunático. Esta lucha no es una lucha contra la República liberal, es una lucha por la civilización. Lo que representa Madrid no es democracia, no es socialismo, ni siquiera comunismo. Es la anarquía». Consciente de su importancia, el periodista presumía de su logro: «Las declaraciones de Unamuno pesarán más en el orden internacional que todas las declaraciones de los jefes militares del patriótico movimiento español».

La publicación original en inglés incluía reflexiones de corte carlista, contra el progreso, con pinceladas eugenésicas: «Al producirse la ruptura [entre Marx y Bakunin] los rusos y alemanes fueron del lado de Marx, España quedó fiel a Bakunin porque los españoles son esencialmente fatalistas. Quieren ir en todo hasta el límite; gustan de los extremismos. No olvidemos que la sangre que corre por las venas españolas no es solo morisca vasca,

[16] Juaristi, Jon, *Miguel de Unamuno*, Taurus, 2012.

sino también gitana. La enfermedad de Madrid no es propia de España; es más bien el resultado de la Gran Guerra, que redujo el nivel mental del mundo y lo llenó de manivelas y ruedas dentadas de todas clases».

Después venía una reflexión en la que ponía el ejemplo de José Manuel Balmaceda, presidente de la República de Chile entre 1886 y 1891, y que decía: «Balmacada era un hombre progresivo e inteligente que tuvo un conflicto con su Parlamento, conflicto que degeneró en una guerra civil. Balmaceda huyó a la Argentina y allí escribió su famoso manifiesto, hermosa declaración, conmovedor documento en el que explicaba a sus conciudadanos que aún no estaban preparados para su reforma. Era todo el documento una apelación a la paz y concluía declarando que para poner término a la Guerra Civil, él desaparecía. Y, efectivamente, ¡se suicidó! (…) Yo quiero recordar este suceso en forma de pública declaración, recomendando al señor Azaña que siga el ejemplo de su colega de Chile». El arte de titular requiere muchas veces cierta interpretación de párrafos para extraer una acotación con la que el entrevistado puede no estar del todo de acuerdo. Esta reflexión fue directa al titular con toda la mala intención posible: «Azaña debiera suicidarse como acto patriótico».

Los biógrafos de Unamuno, Colette y Jean-Claude Rabaté, ponen en duda que esas declaraciones fueran literales. Sospechan que estuvieron manipuladas por Aguilera y sus superiores. Sin embargo, en el estudio más reciente sobre el escritor[17] y ese verano del 36, Severiano Delgado Cruz corrige a los hispanistas y recuerda que todas las entrevistas que dio durante esas semanas fueron en la misma línea.

En el *Petit Parisien*, diario anticomunista en el que escribía Salmon, el titular tampoco dejaba dudas, «Unamuno, con los rebeldes». A este periodista, Juan Pujol le había dado las primeras instrucciones: «Todo el que piensa con acierto y claridad, en España, está con nosotros. Sepa que puedo invocar la adhesión total, sin reservas, de uno de los mayores hombres de la izquierda, el maestro español del librepensamiento puro, el ilustre escritor, el profesor Miguel de Unamuno, de la Universidad de Salamanca». Poco después se encontraría en el despacho de Aguilera, junto a los citados periodistas, preparando el viaje. Por lo que contó en sus memorias, se ve que la pieza de Unamuno era codiciada. Aguilera tuvo que prometerle otras exclusivas a los periodistas a los que no pudo acompañar a Salamanca.

En la entrevista también había perlas incómodas para el bando sublevado: «Yo no estoy a la derecha ni a la izquierda. Yo no he cambiado. Es el régimen de Madrid el que ha cambiado. Cuando todo esto pase estoy seguro de que yo, como siempre, me enfrentaré con los vencedores», dijo Unamuno. Según Delgado Cruz, el capitán

[17] Delgado Cruz, Severiano, *Arqueología de un mito: El acto del 12 de octubre de 1936 en el Paraninfo de la Universidad de Salamanca*, Sílex Ediciones, 2019.

Aguilera «hizo un gran esfuerzo por tragar» la declaración e intervino en francés para darle la palabra a Salmon y pedirle que hiciera la pregunta que llevaba preparada. «¿Puedo pedirle, profesor, que explique a los lectores de *Le Petit Parisien* las razones superiores que tiene un dirigente incontestable de la izquierda para adherirse a un movimiento que en el extranjero muchos consideran como de derechas?». Y el escritor contestó: «¿Por qué? Porque es la lucha de la civilización contra la barbarie». Pocos días antes, Mola le había contestado la misma frase a Salmon en otra entrevista.

En la entrevista de *Petit Parisien,* también se hizo pública la donación que había hecho a los sublevados. Lo publicado no era una transcripción, sino un «texto retransmitido a la frontera francesa, vía Burgos», lo que a juicio de los biógrafos del escritor vasco implicaba el visto bueno de la Junta de Defensa y de los censores. El bando que el Gobierno de la República publicó en respuesta tuvo que deleitar a los autores de esta operación Unamuno: «El Gobierno ha visto con dolor que don Miguel de Unamuno, para quien la República había reservado las máximas expresiones de respeto y devoción y para quien había tenido todas las muestras de afecto, no haya respondido en el momento presente a la lealtad a que estaba obligado, sumándose de modo público a la facción en armas». Mientras tanto, la prensa conservadora francesa recogió las declaraciones en múltiples cabeceras para criticar al Frente Popular de

Léon Blum, que gobernaba en París. Decían que era cuestión de tiempo que ocurriera en Francia lo que estaba pasando en España, tal y como advertía Unamuno. «Los obispos fusilados, las religiosas violadas, los sacerdotes masacrados, las iglesias incendiadas, los cadáveres de monjas exhumados y expuestos, las jóvenes aristócratas exhibidas desnudas y luego degolladas», decía *L'Action Française*. Y en *Le Matin* señalaban al culpable: «Don Miguel de Unamuno hizo ayer nuevas declaraciones a la prensa. "Azaña —dijo— es el único culpable y responsable de todos los horrores que se han cometido en España. Aunque se defienda diciendo que no los ha instigado, todas esas atrocidades han sido cometidas por personas que se dicen defensoras de la República"».

Esa noche, cuando salieron del domicilio del autor de *Paz en la guerra*, se hospedaron en el Gran Hotel de Salamanca. Los carabineros que hacían guardia en la puerta rindieron honores al capitán. En la cena, Aguilera les contó su versión del destierro en Fuerteventura y posterior exilio de Unamuno durante la dictadura de Primo de Rivera. Según su información, fue una actuación oportunista. El dictador ya había firmado la liberación del profesor, por lo que su marcha a Francia había sido un truco de cara a la galería. Le sacó de allí el periodista Henry Dumay, del que Salmon apuntó que en realidad se dedicaba a la publicidad, concretamente, a la del Circo Pinder. Knickerbocker se incorporó después a la conversación y preguntó si le podían contar a él también la evasión de Unamuno, a lo que Aguilera replicó: «Monsieur Salmon nos ha explicado que se trató de un número de circo».

3.
ENTRE MONTAÑAS DE CADÁVERES

Como oficial de prensa sobre el terreno, el capitán Aguilera recorrió miles de kilómetros del frente y no se limitó a informar, tomó parte en escaramuzas. Empezó en septiembre del 36, en los frentes de Guadarrama y Somosierra, y desde ahí pasó a Toledo.

En el kilómetro cinco de la carretera de Extremadura, cerca de la Casa de Campo de Madrid, coincidió con el austriaco Ronald Strunk, veterano de operaciones especiales durante la Primera Guerra Mundial, militante nazi desde los primeros días, corresponsal del periódico *Völkischer Beobachter* (El observador del pueblo) y espía enviado personalmente por Hitler, del que era amigo desde 1920[18]. El Führer recibió de su puño y letra informes de inteligencia sobre el desarrollo de la contienda. Luego se fue a la India, donde conoció a Ghandi, y acabó sus

[18] Arias, Juan Carlos, «Strunk, incógnitas del periodista-espía de Hitler en Sevilla», *El Correo de Andalucía* (edición web), 24 de mayo de 2022.

días al norte de Berlín, en el Sanatorio de Hohenlychen. No lo hizo recuperándose en la cama de heridas de guerra en la defensa de la patria, sino en una tapia del sanatorio batiéndose en duelo con Horst Krutschinna, un subordinado de su ayudante y mano derecha, Baldur von Schirach, que habría mantenido relaciones con su mujer. Ambos siguieron a rajatabla el código de honor de las SS, que proponía esta solución para un conflicto de esa naturaleza. Tras rechazar Strunk que el duelo fuese con sable, aportando para ello un justificante de incapacidad por haber padecido malaria, se enfrentaron con pistolas. El corresponsal murió en el hospital después de que lo operara el jefe del centro. Hitler montó en cólera porque perdió a uno de los pocos periodistas con prestigio internacional que tenía a sus órdenes.

Un año antes, Aguilera Munro y Strunk se encontraron solos en la mencionada carretera ante una ofensiva de milicianos que había roto el frente. Cuentan las crónicas que ambos, mano a mano, se refugiaron en una barricada y abrieron fuego contra los republicanos hasta rechazarlos. Su parapeto fue parcialmente destruido por la artillería, pero lograron repeler al enemigo causándole varias bajas, que quedaron ahí tendidas. El valor de los dos protagonistas fue temerario, pero días después consta que el capitán Aguilera escribió su primer testamento.

Más adelante, Aguilera vivió junto a Varela, sustituto del sanguinario Yagüe, la toma de Torrijos, Toledo y la simbólica liberación del Alcázar. Este general fue digno de la admiración del capitán tanto por su forma de actuar, como por sus convicciones monárquicas. En aquellos primeros días también tuvieron que digerir una derrota: las tropas sublevadas fueron rechazadas heroicamente por el pueblo de Madrid en Casa de Campo, Pozuelo y Aravaca.

Como responsable de los periodistas extranjeros en esta etapa inicial de la guerra, una de sus primeras apariciones fue para interceder en nombre de Webb Miller, de United Press.

En la edición de 1937 de sus memorias[19], no así en la de 1936, Miller relató la experiencia. Venía de Talavera, donde había visto pilas de cadáveres. Intrigado, le preguntó a un oficial cuál era la causa de aquel amontonamiento y este se encogió de hombros. Le dijo con indiferencia que se los habían cargado la noche anterior. Se conoce que desentenderse de los cuerpos a los que se acababa de quitar la vida, como habían hecho Aguilera y su amigo austriaco, era lo normal durante esos primeros meses. Al avanzar hasta Santa Olalla vio cuerpos por todas partes, la mayoría tiesos en la postura en la que habían muerto, pudriéndose entre vehículos destrozados y caballos descuartizados. En los alrededores, soldados marroquíes le ofrecieron todo lo que habían podido robar:

[19] Miller, Webb, *I Found No Peace: A Journey Through the Age of Extremes*, Coubertin Books, 2011.

calcetines de seda, cigarros… Para cuando llegó a Torrijos, los sublevados habían retrocedido hasta el río Guadarrama. En la plaza del pueblo, el capitán Aguilera daba instrucciones a la media docena de periodistas que querían visitar el frente de Talavera. Para evitar la artillería, les decía, o la aviación gubernamental, debían marchar a toda velocidad y en intervalos de siete minutos. Llegaron a unos cinco kilómetros del frente, lo máximo que se podían acercar. En los alrededores, Miller contempló escenas que nada tienen que envidiar a las que describió (o se inventó) Curzio Malaparte. Por ejemplo: «Cadáveres de caballos y burros estaban esparcidos por la carretera. Uno, pobre bestia, había sido ametrallado en el vientre y aparentemente corrió aterrorizado por la carretera, sangrando hasta que sus entrañas se derramaron y murió». Pegado a un grupo de legionarios y voluntarios africanos, el corresponsal de pronto se vio atrapado cuando tres bombarderos trimotores escoltados por cuatro cazas atacaron a los rebeldes. El periodista se resguardó en una zanja, sufriendo entre cardos y tragando polvo. Ahí pudo ver que a su lado estaba el capitán Aguilera. Se conoce que Miller debía de estar inquieto mientras pensaba, según su confesión, que su mente sabía que una bomba no podía acertarle desde tanta altura, pero su cuerpo no lo aceptaba. Aguilera le gritó: «¡Más abajo, Miller, más abajo, y quédate quieto! Te van a ver si sigues moviéndote». La respuesta del periodista fue: «¡Joder, Aguilera, estoy tumbado encima de los cardos, cómo voy a estarme quieto».

Afortunadamente para ellos, los aviones buscaban las piezas de artillería de Varela. Sentado sobre los cardos, asistió al bombardeo como «desde un palco».

Una noche, cuando escribía una crónica de los hechos en Talavera, conforme tecleaba desde el cubículo que había alquilado en una fonda, se abrió la puerta de golpe y entraron dos agentes de la Guardia Civil. Le pidieron los papeles, como es costumbre ancestral en el cuerpo, le registraron el equipaje, rompieron su bolsa y, sin más explicación, aunque no encontraron nada, se lo llevaron detenido. El periodista pensó que en cuanto le viera un oficial de prensa le dejarían en paz, pero en la comandancia, el teniente Roca, antiguo agregado de la embajada española en Lisboa, aunque le escuchó pacientemente, dio un respingo cuando vio la orden que llevaba por escrito el agente de la benemérita. «Esto es un asunto muy grave, está usted detenido y tendrá que ir a la cárcel. Habrá una investigación, se verá si es usted inocente y en ese caso será liberado». Miller preguntó por los cargos, pero Roca eludió responder: «No puedo decírselo, pero es serio. Debe ir con ellos». Mientras los dos guardias se lo llevaban a rastras, pudo ver que detrás de una puerta estaba Aguilera. Le pidió auxilio en español: «¡Aguilera! ¡Me han detenido!». Este ni se inmutó y los agentes lo metieron a la fuerza en una celda. Se acercaron varios guardias civiles con curiosidad, uno de ellos se puso enfrente de él, sonrió, se pasó el dedo por el cuello en señal de degüello y chasqueó la lengua.

Al rato apareció Aguilera. Por fin le dio una explicación: «Se ha enviado un telegrama desde Londres dirigido a usted, pero ha sido malinterpretado. Ya está todo aclarado. Es libre». Cuando salieron juntos a la calle, el capitán le explicó con más calma: «Ha tenido suerte de que estuviera yo. Estamos en una guerra, los guardias civiles primero arrestan y luego investigan. Su oficina de Londres ha enviado un telegrama que contenía las palabras "Asesinar al general Mola". El documento fue interceptado y se ordenó su arresto. No entendían que era solo una consulta rutinaria de un periódico sobre un rumor en Londres acerca de un complot para asesinar al general Mola». No era un asunto de mofa. Un tal Neumann, que aseguraba ser corresponsal de prensa, fue ejecutado en Burgos por ese supuesto complot.

Los siguientes días transcurrieron con normalidad para el periodista, dentro de la normalidad de un corresponsal de guerra. Los cadáveres que había contemplado al llegar seguían allí, descomponiéndose. Con suerte, cuando se podía, los rociaban con gasolina y los prendían fuego. «Había pilas de muertos de cuatro metros de altura», escribió. Toda esta información desapareció de sus envíos. Demasiados cadáveres putrefactos para la sensibilidad de los católicos extranjeros. Más adelante, en la liberación del Alcázar de Toledo, Miller estaba en los alrededores junto a Aguilera. En otro ataque aéreo, el capitán le dio la orden de echarse al suelo de forma tan vehemente que al periodista se le rompieron las gafas de sol contra el cuerpo. El oficial de prensa era un censor en los despachos y un padre en el frente.

Aguilera también ejerció como padre en sentido literal. Arnold Lunn[20] documenta que hizo una visita a las líneas donde se encontraba su hijo. Como siempre, conduciendo a toda velocidad, aunque en este caso de forma justificada, pues estaban al alcance de las ametralladoras enemigas. Ahí le hizo una reflexión al periodista sobre la naturaleza de nuestra guerra con una visión idealizada de los españoles en combate. Trabajos recientes como *Soldados de Franco. Reclutamiento forzoso, experiencia de guerra y desmovilización militar*, de Francisco J. Leira Castiñeira, o *Voces de la trinchera. Cartas de combatientes republicanos en la guerra civil española*, de James Matthews, enfocan este asunto desde un punto de vista menos romántico. Pero Aguilera venía a compararnos con toros de lidia prácticamente:

> Una de las dificultades de la Guerra Civil es que ambos ejércitos contienen un número considerable de hombres cuyas simpatías están con el otro bando. Afortunadamente, no creo que tengamos muchos rojos en nuestras propias líneas del frente y esos pocos luchan como el resto. El español es un luchador nato, que si lo pones en una trinchera peleará incluso si quiere que gane el otro bando. En el momento en que empiezan a atacar, se enfada. «Maldita sea —dice—

[20] Lunn, Arnold Henry Moore, *Spanish Rehearsal: An Eyewitness in Spain During the Civil War, 1936-1939*, Sheed & Ward, 1937.

> estos tíos creen que pueden echarme de esta trinchera, pero por Dios, ¡les voy a enseñar lo que es bueno! (…) Los moros tienen un parentesco natural con el español, pues hay mucha sangre mora en España, y ambos somos producto de pueblos guerreros. Estamos orgullosos de luchar junto a ellos, y ellos están orgullosos de luchar junto a nosotros. Después de la guerra de Marruecos, enviamos soldados a gobernarlos, y no tuvimos problemas hasta que la República española empezó a enviar políticos. De haber seguido así, habríamos perdido Marruecos. Por cierto —añadió— me gustaría que expliques por qué estuvo bien que los ingleses y los franceses lucharan codo con codo con sijs, patanes y senegaleses en la guerra europea, y está mal que los españoles luchen codo con codo con los moros».

Sin embargo, tomando unas copas otra noche le había explicado a los corresponsales que la guerra era un enfrentamiento entre las ideológicas nórdicas y orientales. Obviamente, la de los rojos venía de oriente y la habían introducido en España «los moros», que con el tiempo se habían convertido en esclavos «engendrando así al proletariado», que se había convertido al marxismo porque llevaba las doctrinas orientales en la sangre. Por eso ahora intentaba conquistar España para Oriente y el conflicto del 36 no era más que una segunda Reconquista.

Aunque el pensamiento del conde tampoco estaba exento de lucidez:

> Es una ilusión pensar que los soldados profesionales desean la guerra. Apenas hay un hombre en ninguno de los dos bandos de esta guerra que no anhele la paz. No obstante, la guerra también tiene su lado bueno. Hay algo muy estimulante en esos momentos en los que has contado tus posibilidades de vivir y esperas ver el sol por última vez. Es la reacción después de la pelea más que la pelea en sí lo que revela la auténtica recompensa del soldado. Si sobrevives y ves a tus hombres aún a tu lado y al enemigo huyendo, experimentas una exaltación especial. Lo llamamos *la alegría del superviviente*.

Lunn tomó nota fascinado de todas estas reflexiones. Como cuando le dio una interpretación eugenésica del Quijote:

> ¿Conoces *Don Quijote*, verdad? Pues bien, Quijote es el tipo franco-normando conquistador: alto, delgado, de ojos azules, etcétera. Sancho Panza, por otro lado, es un ibérico corpulento y de cuello grueso. No había nada de malo en los Sanchos Panza hasta que los rojos se apoderaron de ellos, pero desde luego, nunca producirán líderes.

O una valoración de lo que estaba sucediendo, que se correspondía con el objetivo último del 18 de julio:

> Es el triste deber de nuestra generación actuar como ministros de justicia ejemplar. Solo podemos salvar a España de una

repetición de estos horrores si grabamos en la mente de quienes nos suceden un hecho de suprema importancia: que hay un Dios en el cielo y justicia en la tierra.

Y rematar perdonándole la vida al inglés:

> ...los enemigos de nuestra civilización europea siempre han encontrado, y aún encuentran, sus aliados más fuertes en su país [Inglaterra]. ¿No es curioso que sigamos apreciando a los ingleses como individuos? Detestamos su política, su arrogancia y su empeño en tomar a broma el carácter que ustedes acaban de ganarse con justicia, *pérfida Albion*, pero aun así nos gustan los ingleses. Y porque nos gustan, intentamos no irritarnos demasiado con su ignorancia de Europa, su provincianismo y su complacencia.

En esa cotidianeidad, como se ve, Aguilera tuvo buena relación con los periodistas británicos que simpatizaban con la causa de Franco. Su perfecto inglés de Oxford facilitaba que la propaganda que les transmitía entrase directa. Un irlandés, Francis McCullagh, reconocía que su dominio del idioma le había sido de gran ayuda, pero se quejó del hieratismo de Aguilera cuando venían mal dadas[21]. Durante los combates de la batalla del Jarama, no se permitió a los periodistas extranjeros visitar el frente. Este corresponsal acudió reiteradas veces a

[21] McCullagh, Francis, *In Franco's Spain: Being the Experiences of an Irish War Correspondent During the Great Civil War*, Burns, Oates & Washbourne Limited, 1937.

Navalcarnero, centro logístico de los rebeldes, a solicitar el salvoconducto, pero le fue denegado sistemáticamente. Cuando lo hacía Merry del Val, era con comprensión; cuando se trataba de Aguilera, sin contemplaciones: «Aunque visité Navalcarnero en numerosas ocasiones, lo encontré tan inaccesible como Mustafá Atatürk o el Dalái Lama del Tíbet. En una de esas visitas a Navalcarnero, me encontré con el capitán Aguilera, miembro del Estado Mayor del general Merry y, en otros tiempos, un contacto sumamente útil —quizás porque tenía una madre inglesa y hablaba un inglés perfecto—. Me estrechó la mano y luego se alejó sin pronunciar una sola palabra».

A Kemp, nacido en Bombay, le gustaba más ser parte de la noticia que testigo de ella. Extremadamente conservador y monárquico, entró en España como corresponsal del *Sunday Dispatch*, pero acabó comandando un pelotón de la Legión. Allí pudo comprobar en primera persona el sentido del humor de los sublevados en persona. Tal y como le confirmó al vicecónsul estadounidense, Charles Bay, en abril de 1938[22], las tropas de Franco fusilaban en el acto y sin ningún tipo de proceso a los extranjeros que hacían prisioneros. El odio hacia ellos en las divisiones en las que él había estado era extremo. En una ocasión, cogieron a un brigadista inglés, un marinero británico compatriota suyo, aunque rival

[22] Tremlett, Giles, *Las brigadas internacionales*, Debate, 2020.

político. Además, tras departir con él, averiguó que había tratado de desertar. Le contó que había llegado en un mercante, se había emborrachado en Valencia y lo siguiente que sabía era que estaba reclutado en las Brigadas Internacionales en Albacete. Pensaba que si escapaba hacia la España republicana lo fusilarían, así que había vagado durante días para entregarse ante una patrulla franquista. Kemp no se lo creyó, pero trató de interceder por él. Dijo que al ser un desertor no se le podía tratar como a un prisionero. Lo único que consiguió fue protagonizar un gag propio de la escuela de comedia de la Legión española: le ordenaron que lo fusilase él mismo. Escribió años después que fue una de sus peores experiencias en la guerra, que no conseguía olvidarse de ese «horror», que nunca le abandonaría. La orden se la dio el coronel Pedro Peñarredonda mientras se comía unos huevos fritos «sin apartar la vista del plato» y hablando «con indiferencia con la boca llena de huevo».

Para este corresponsal-soldado-escritor no debió de ser fácil, en nuestra guerra, distinguir la verdad de una provocación. La línea era muy fina, como sabía por experiencia propia. En la historieta de Aguilera, el capitán ejecutaba a seis peones, pero en la que coloca Preston para acompañarla, que también fascinó[23] a los escritores de *best sellers* Larry Collins y Dominique Lapierre, el terrateniente, ganadero y luego alférez Félix Moreno,

[23] Collins, Larry; Lapierre, Dominique, *O llevarás luto por mí* (1968), Planeta, 2010.

después de que los peones de sus tierras sacrificaran y se comieran sus toros, fusiló «al menos a 87» de ellos, uno por cada res. Otras versiones se van hasta trescientos y pico muertos. Lapierre dijo en 2010[24] que eran cuatrocientos «según sus datos», pero de su investigación solo conocemos que vino facilitada por el testimonio de un vecino del pueblo en cuestión, Palma del Río, que emigró a Francia y trabajaba en la estación de Lyon. Las historias orales de la guerra civil española las carga el diablo —como las de cualquier otro conflicto bélico, más si es una contienda «fraticida»— pero en este caso, los trabajos del Foro de Recuperación de Memoria Histórica de Palma del Río[25] han cuantificado en 208 los fusilados en ese pueblo entre el 26 de agosto de 1936 y 1940. Y entre noventa y cien toros la pérdida del ganadero en la colectivización que llevó a cabo el Comité de Defensa de la República que se formó en el pueblo.

Aguilera no dispuso así de la vida de sus trabajadores, y eso es algo que se ha podido constatar con los estudios de memoria histórica actuales. Simplemente, su fanfarronería era de género negro, pero en un contexto donde la crueldad extrema era muy verosímil, tanto como que sobraron ejemplos como el citado. Aunque a McCullagh

[24] Entrevista de F. Cotta, Charo a Lapierre, Dominique, «El terrateniente dijo: "¡Mataré a diez por cada toro que se han comido!"», *Diario de Sevilla* (edición web), 26 de diciembre de 2010.

[25] Con documentación del Archivo Histórico Militar del Tribunal Territorial Segundo de Sevilla y testimonios orales.

le inquietaba Aguilera porque se movía por todas partes sin decir palabra, sus charlas quedaron grabadas a fuego en la memoria de todos los corresponsales, como una retahíla de reflexiones sobre los limpiabotas que jalonaban los recuerdos de Kemp:

> Otra de sus teorías era que los nacionalistas deberían haber fusilado a todos los limpiabotas. (El limpiabotas es una figura tan emblemática en España como el vendedor de periódicos).
>
> —Mi querido amigo —me explicó—, es pura lógica. Un tipo que se arrodilla en un café o en la calle para limpiarte los zapatos es, sin duda, un comunista. Así que, ¿por qué no fusilarlo de inmediato y acabar con el problema? No hace falta juicio, su culpa es evidente en su propia profesión.

Es lógico que, entre las barreras idiomáticas y el orientalismo anglosajón, la ironía procaz de estos comentarios no siempre fue entendida como tal, pero en esta obra aparecen pistas sobre el capitán tan relevantes como su gusto por epatar y provocar a los extranjeros.

> Por la Iglesia, en general, por la fe cristiana, no mostraba el menor respeto. Sin embargo, no era nazi, de hecho, odiaba todos los ismos y despreciaba toda forma de autoridad, excepto la de la nobleza hereditaria de España.

De esas posiciones no se movió un milímetro en toda su vida. De hecho, retirado en su finca después de la guerra, se dedicó a profundizar en ellas, como plasmó luego en un libro.

Pero qué son estos argumentos al lado de lo que Aguilera le dijo a Whitaker, testigo de lo ocurrido en Badajoz:

> Tenemos que matar y matar y matar ¿entiende?

Estas palabras fueron directas a las posteriores reflexiones[26] del periodista sobre la contienda española como antecesora de la Segunda Guerra Mundial, donde se incluyó también la celebérrima teoría de Aguilera sobre las alcantarillas, que plasmó así:

> ¿Sabes cuál es el problema de España? —me solía preguntar—. ¡El alcantarillado moderno! En tiempos más saludables… me refiero a tiempos espiritualmente más saludables, ¿entiendes? La peste y las enfermedades mantenían a raya a las masas españolas. Las mantenían en proporciones adecuadas, ¿comprendes? Ahora, con la eliminación moderna de residuos y demás, se multiplican demasiado rápido. Son como animales, ¿entiendes? Y no puedes esperar a que no se infecten con el virus del bolchevismo. Después de todo, las ratas y los piojos propagan la peste. Ahora espero que entiendas lo que queremos decir cuando hablamos de la regeneración de España.

[26] Whitaker, John T., «Prelude to World War. A witness from Spain», *Foreign Affairs*, vol. 21, n.° 1, oct. 1942, pp. 103-119.

Y cómo juzgar benévolamente estas palabras si, como indica el citado Foltz[27], después de soltar el speech de las alcantarillas, que él también recogió en sus memorias, un inglés se partió de risa en su cara —seguramente con lucidez— y fue expulsado inmediatamente del país. Era «un rojo peligroso», le dijo Aguilera al resto días después. Tal vez por eso Foltz juzgó que el capitán «hablaba completamente en serio».

Con Lunn, en cambio, mostró su cara más humana con la población más humilde, pero sin exagerar tampoco mucho ni apartarse de la línea que solía llevar:

> Los rojos siempre están despotricando sobre el analfabetismo en España, pero si pasaran unos meses viviendo en las montañas, quizá empezarían a entender que la gente que no sabe leer a menudo es más sabia que la que sí. La sabiduría no siempre viene de la educación. Tengo pastores en mis fincas que son inmensamente sabios, quizá porque leen las estrellas y los campos, y no los periódicos. Tienen tiempo para pensar en cosas fundamentales. Las largas distancias de nuestras sierras españolas crían filósofos.

Luego Whitaker escribió que Aguilera le daba al brandy para aclararse la garganta. El periodista no sabía si esa aspereza en las cuerdas vocales se debía a las aspiraciones de nuestro idioma, seguramente las temibles jotas, o

[27] Folz, Charles, *The masquerade in Spain*, Houghton Mifflin/Riverside Press, 1948.

a la calidad del tabaco que se fumaba aquí, pero lo que parece un hecho es que con voz de cazalla le soltó otra jeremiada que, de nuevo, encajaba perfectamente en el contexto de lo que estaba sucediendo:

> Nuestro programa, ¿entiendes?, es exterminar a un tercio de la población masculina de España. Eso limpiará el país y nos librará del proletariado. Es una medida económicamente acertada, ¿entiendes? Nunca más habrá desempleo en España.

Para rematar con un punto de vista que hoy sería muy aplaudido entre youtubers incels y línea dura similar:

> Haremos otros cambios. Por ejemplo, terminaremos con esta tontería de la igualdad para las mujeres. Yo crío caballos y animales en general, ¿entiendes? Sé todo sobre las mujeres. Se acabará este disparate de someter a un caballero a un juicio. Si una mujer le es infiel, la matará como a un perro.

La cuestión es que, dijo este periodista, este tipo de opiniones las escuchó centenares de veces en boca de oficiales y militares franquistas. La diferencia quizá estibaba en que Aguilera sabía darle un matiz intelectual o culto a las burradas. Esta última, por ejemplo, la de la igualdad entre los sexos, a su juicio no era más que una degeneración que se estaba experimentando en todo el continente europeo que se estaba empezando a purificar en España:

> La gente en Gran Bretaña y América está empezando a volverse comunista, igual que los franceses —solía decir Aguilera—. Pero esto viene de mucho antes que Baldwin y Roosevelt. Todo empieza con los enciclopedistas en Francia. ¡La Era de la Razón! Las masas no están hechas para pensar. Luego, sigue con la escuela liberal de Manchester en Inglaterra. Ellos son los criminales que crearon el capitalismo. Deberían limpiar sus propias casas. Si no lo hacen, los españoles nos uniremos a los alemanes y los italianos para conquistarlos a todos.

Y si no, al menos se recuperaría el imperio perdido por culpa de la leyenda negra y la *imperiofobia*, como bien habrá oído ya el lector informado:

> Los alemanes ya nos han prometido ayudarnos a recuperar nuestras colonias en América, esas que ustedes y su corrupto imperialismo protestante nos robaron. Y vamos a actuar muy pronto, ¿entiende?

En cambio, en lo esencial, en los actos, cuando se dejaba el brandy en el bargueño, Whitaker no podía evitar admirar su figura. Decía: «Aguilera era uno de los hombres más valientes que he conocido. Bajo el fuego enemigo, no solo mantenía la calma, sino que parecía disfrutarlo».

La broma acabó cuando Aguilera se percató de que Whitaker no era indiferente ante los crímenes que estaba presenciando. Para asegurarse de que no publicara ninguna palabra que desafiase la narrativa de la propaganda franquista, le amenazó de muerte. Whitaker relató así cómo, acompañado de un agente de la Gestapo, le sacó de la cama a las dos de la mañana y le trasladó el mensaje cara a cara:

> Mira —dijo Aguilera con su voz ronca—. No puedes ir más al frente, excepto en visitas escoltadas. Hemos arreglado tu caso. La próxima vez que estés sin escolta en el frente y bajo fuego, te dispararemos. Diremos que fuiste una baja por acción enemiga. ¿Lo entiendes?

Estas amenazas de espagueti western trascendieron en libros de memorias y textos publicados posteriormente. Estos recuerdos de Whitaker, por ejemplo, aparecieron en *Foreign Affairs* en 1943. Pero las declaraciones que situaron a Aguilera en la prensa internacional se produjeron tras una entrevista que le dio a Knickerbocker el 10 de mayo de 1937 en el *Washington Times*, donde contestaba con el seudónimo de Capitán Sánchez. El titular de la pieza llevaba el nombre del disco de debut de Metallica, «Kill 'Em All». Ese era «el evangelio de un aristócrata fascista que lucha por derrotar a los radicales en España». La presentación del personaje cumplía con el estereotipo del hidalgo español: «Desprecia a tres cuartas partes de la nobleza española e incluso a los reyes recientes, a quienes considera "gentuza advenediza".

Es propietario de tierras, aunque pobre. Vive en uno de los castillos más antiguos de España. El orgullo es su principal patrimonio». La primera respuesta aclaraba que la guerra no era de clases, sino de razas. Seguía abundando en su teoría del alcantarillado, pero personalizando en el presidente de la República:

> El ejemplo de Azaña es un caso típico. Podría haber muerto de parálisis infantil, pero fue salvado por esas malditas alcantarillas. Tenemos que acabar con las alcantarillas.

Daba la impresión de que la entrevista se calentaba y las respuestas iban subiendo aún más de tono:

> Lo que usted se niega absolutamente a entender es que esta guerra en España es solo un sector del enorme conflicto internacional de la civilización contra las fuerzas del mal. Los rojos están organizados clandestinamente en todo el mundo. Lo que usted no logra comprender es que cualquier demócrata estúpido, así llamado, se presta ciegamente a los fines de la revolución roja.

Luego lamentaba la victoria de Roosevelt en las elecciones de noviembre del 36:

> Todos ustedes, los demócratas, no son más que sirvientes del bolchevismo. Hitler es el único que conoce a un rojo cuando lo ve.

Estaba triste porque Franco se había ablandado, ya que había emitido una orden para fusilar solo a prisioneros de guerra seleccionados, y no a todos como antes. Según Aguilera, eso les podría hacer perder la guerra. En su opinión, con los prisioneros solo cabía una orden:

> Sacadlos y fusiladlos.

Exponía sus políticas de educación:

> Debemos destruir esta camada de escuelas rojas que la llamada república instaló para enseñar a los esclavos a rebelarse. Es suficiente que las masas sepan leer lo justo para entender las órdenes. Debemos restaurar la autoridad de la Iglesia. Los esclavos necesitan aprender a comportarse.

Y anticipaba el destino del enemigo si ganaba su bando:

> Vamos a fusilar a 50 000 en Madrid. Y no importa dónde intenten escapar Azaña y Largo Caballero y toda esa pandilla, los atraparemos y mataremos a cada uno, aunque nos lleve años rastrearlos por todo el mundo.

La columna acababa con un anuncio contra el mal aliento[28].

[28] Knickerbocker, H., «"Kill 'em all", Franco's Aides Philosophy», *The Washington Times*, 10 de mayo de 1937, p. 7. Consultado en Library of Congress (chroniclingamerica.loc.gov).

Según Luis Arias, esta joya de entrevista fue una de las causas de su declive profesional y «a partir de ese momento, se cuidaría muy mucho de no volver a soltar —al menos ante grandes audiencias— ese tipo de perlas». Un día después de la publicación del diario, la entrevista llegó al Congreso de los Estados Unidos[29]. La carrera militar de Aguilera había sido mediocre, no brilló en los estudios y, después de la guerra, pasaría la mayor parte de su vida encerrado entre sus libros reconociendo no haber tenido amigos nunca. Sin embargo, este hombre, *a priori* intrascendente, consiguió colarse en la agenda de Washington.

Jerry Joseph O'Connell, miembro de la Cámara de Representantes por Montana, era un joven izquierdista convencido. Por ejemplo, apoyaba activamente la liberación de Tom Mooney, el preso político más famoso de Estados Unidos, un anarquista condenado a muerte de aquella manera en 1916. O'Connell también participó posteriormente en el fallido lanzamiento del Partido Progresista y, por supuesto, pasó por el Comité de Actividades Antiamericanas, donde negó tres veces pertenecer al Partido Comunista. Estaba señalado por haber viajado a España en octubre de 1937 junto a su amigo, también congresista, John T. Bernard[30] en una visita pagada

[29] *Congressional Record (Bound Edition)*, vol. 81, part 9, 1937, U.S. Government Publishing Office. (Consultado en www.govinfo.gov).

[30] «U.S. neutrality on Spain assiled», *The New York Times*, 9 de noviembre de 1937.

por la Liga Americana contra la Guerra y el Fascismo, una organización tapadera del Partido Comunista. A su regreso, criticaron a Roosevelt por su nefasta neutralidad y confiaron en que los «lealistas» ganarían la guerra, pero que se alargaría un año más. Allí había dado un discurso delante del Batallón Lincoln declarándose un «trabajador pobre», elegido por los mineros de Montana, y se puso a dar vivas a España, a las Brigadas Internacionales, a Rusia y al Partido Comunista, y en cada una de ellas levantó el puño cerrado[31].

Meses antes, cuando el citado ejemplar del *The Washington Times* con el capitán Aguilera rajando sin control cayó en manos de O'Connell, el político se sulfuró. El día anterior, el Congreso había debatido acerca de una red de espías españoles de Franco con empresas pantalla a la que se le habían intervenido las comunicaciones. Estaba la cosa caliente y O'Connell comenzó su intervención diciendo que había recordado al secretario de Estado, Cordell Hull, que la masacre de Guernica la habían cometido aviones alemanes, que Alemania e Italia eran beligerantes en la guerra de España y debían estar sujetas al embargo de armas que se había establecido en el Comité de No Intervención. Sin embargo, este le había contestado que no había pruebas de que Italia y Alemania estuviesen participando en la invasión de España.

[31] *House Committee on Un-American Activities Re-Evaluated* (Programa de TV), American History TV, C-SPAN, Washington, 8 de abril de 2010.

O'Connell ironizó con la abulia con la que el gobierno de su país afrontaba esta cuestión, así como la de los espías. A continuación, fue enumerando todas las célebres citas de Aguilera. Lo de las alcantarillas, lo de la «libertad para callarse la boca», lo de la guerra entre la raza de esclavos y la raza dominante, las loas a Hitler, que los judíos eran una «plaga mundial» y contra la educación y las escuelas… En fin, todo el pack, y añadió: «Esta entrevista ofrece un retrato descarnado de los agentes de Francisco Franco y su filosofía, y lo hace con las palabras de uno de ellos. Palabras así, pronunciadas al otro lado del océano, en España, son espeluznantes. Saber que existen hombres así incluso en tierras extranjeras hace que se me hiele la sangre».

4.
EL CAPITÁN AGUILERA TOMA BILBAO

Aguilera guio a muchos más periodistas, unos 83. Para otro corresponsal británico, el mencionado Harold G. Cardozo, del *Daily Mail*, las montañas de muertos en los alrededores de Torrijos eran igual de dantescas que para Miller, aunque él en sus recuerdos[32] diferencia entre cadáveres «de rojos» y «de patriotas». El capitán Aguilera le llevó a ver el frente donde las milicias republicanas trataban de tomar Venta de San Rafael. Cuando regresaron en coche, la aviación leal les bombardeó. A 96 kilómetros por hora, dieron un frenazo en seco para esquivar las ametralladoras de los aparatos que les seguían, lo que provocó que las bolsas con cervezas que llevaban se reventaran, vertiéndose sobre ellos todo el contenido. Empapados en birra, saltaron del coche y se escondieron en la maleza. Les salvó que el Moth no

[32] Cardozo, Harold G., *The March of a nation: My year of Spain's Civil War*, Eyre & Spottiswoode, 1937.

podía disparar a través de su hélice y tenía que inclinarse sobre un ala para hacerlo. Al llegar el convoy a Villacastín, volvieron a sufrir otro ataque aéreo en el que hubo veinte bajas. Era el día a día. Una vez, llevando a Lunn en el Mercedes, Aguilera se perdió y, en una escena propia de Gila, encontraron un cartel donde ponía «Al enemigo». El humor no le hizo ni pizca de gracia al capitán, que lo miró serio un buen rato, y dio marcha atrás diciéndole a su compañero: «Será mejor que salgamos rápido de aquí si no queremos comprobar la precisión de una ráfaga de ametralladora».

La periodista Frances Davis estuvo allí esos días como ayudante de Cardozo. Era favorable a la causa de la República, lo que le hizo sentirse avergonzada muchas veces por lo que tenía que escribir. Pero, según confesó, lo que no le cambiaba Aguilera de los textos, luego lo hacía el redactor jefe del *Daily Mail*. Resignada, como había obtenido un salvoconducto, al menos ayudó a sus compañeros de otros medios a sacar ocultas del país en su faja crónicas sin censurar. Whitaker escribía dos reportajes, uno para Aguilera y otro para ella. En sus memorias[33], Davis cuenta que fue testigo de las discusiones de la censura. Una cuestión tan aparentemente nimia como referirse al ejército golpista como «rebelde» ocasionó enfrentamientos y tensiones entre Aguilera y los periodistas. Uno de ellos era John Elliott, quien tras la

[33] Davis, Frances, *A Fearfull Innocence*, Kent State University Press, 2006.

guerra de España dejó el periodismo para pasarse a la guerra psicológica en calidad de mayor de división y así escribir él las octavillas que se lanzaban sobre Alemania. En San Rafael, le preguntaba a Aguilera, posiblemente fingiéndose cándido, «¿pero el ejército se rebeló?», y el capitán enfurecía y no le aceptaba los textos. También tuvo sus más y sus menos con F.A. Rice, de *The Morning Post*, que escribió «terror insurgente», ante lo que Aguilera le tuvo que recordar que referirse a los republicanos como «leales» o «tropas gubernamentales» en lugar de «rojos» tenía consecuencias. El enfrentamiento entre ambos por estas cuestiones acabó con el capitán lanzándole un ultimátum: o se quedaba en España bajo los dictados de la censura o se iba. Rice decidió marcharse, aunque antes le requisaron todo el material fotográfico y leyeron su correspondencia personal.

También se quejó de esa censura férrea Randolph Churchill, el hijo único del futuro primer ministro del Reino Unido y azote de los nazis. A pocos años del estallido de la Segunda Guerra Mundial, el vástago estaba más cerca del Eje que de las democracias. En Ávila, le dijo a Arnold Lunn: «Esa puñetera gente de la Oficina de Prensa está perdiendo esta guerra por culpa de su estúpida censura. Los rojos les han ganado por completo en lo que a publicidad se refiere. Dejan que la prensa publique lo que quiera, y por tanto la prensa manda desde allí historias humanas del frente, y eso es lo que el público quiere, historias humanas. No les importa quién tenga razón o quién gane. Algunos católicos exaltados y otros tantos socialistas creen que esta guerra importa, pero para el público en general no es más que un montón de perros sangrientos matándose entre ellos. Si tan solo pudiéramos conseguir algunas buenas historias, podríamos lograr algo de simpatía por Franco. Pero en Salamanca están más interesados en matar historias que en matar rojos». Pocos años después, en la Segunda Guerra Mundial, Randolph debió matizar esas opiniones, porque participó en la liberación de Yugoslavia junto a los partisanos de Tito como miembro de las SAS, el Servicio Aéreo Especial británico. Hasta entonces, la única respuesta que obtuvo cuando pronunció estas palabras a Lunn fue una interrupción de Aguilera leyéndole el último boletín del frente:

> Ejército del Norte, Quinta División, sin novedades. División de Soria. Se ha rechazado un ataque a nuestra posición, con grandes pérdidas para el enemigo. Ejército del Sur. Seis miembros de la Milicia Roja se han rendido esta mañana. Ejército de Madrid, nada nuevo que reportar... Ahí lo tienen, caballeros, ahí tienen su romanticismo. Esa es la gran historia que Randolph ha estado clamando. Usen la cabeza y hagan que Inglaterra se entusiasme con estos hechos dramáticos. Y no se olviden de poner que los seis milicianos se han rendido con todas sus armas.

Un vacile en toda regla que no guardaba relación alguna con la simpatía que Aguilera le profesaba. Aunque era un marrón tenerle supervisado —Franco no se atrevería a expulsar al hijo de Winston Churchill, que además escribía para el *Daily Mail*, un diario completamente alineado con la causa de los golpistas—, a Lunn le confesó:

> Ese chico me gusta, al principio no quería que viniera, porque sabía que no podíamos echarlo si resultaba ser un incordio; pero ha resultado ser todo lo contrario, y me gusta el gran respeto que siente por su padre.

En una cena en la que estaban todos, Foltz, Churchill y Lunn se pusieron a hablar delante de él de las detenciones arbitrarias a periodistas. Discutieron si eran injustas o alguno se la había buscado. En una digresión, la conversación derivó a las ejecuciones y atrocidades. Churchill citó a su padre, y en referencia a caer en combate dijo: «es la forma más misericordiosa de morir, la hierba crece sobre las tumbas; no crece sobre los cadalsos». Sentencia que Aguilera encontró acertada y asintió, para añadir, con un cinismo épico: «Tienes razón. Ganaremos. Somos los más misericordiosos. Disparamos, sí, pero no torturamos». Los comensales siguieron atentos a su cena y el capitán se volvió hacia Lunn y le dijo en voz baja: «Hay, por supuesto, un aspecto de todo este asunto que los jóvenes difícilmente pueden comprender: la existencia y la influencia de poderes satánicos. Pero mi amigo, Kaid Ali Gurri [señaló a un soldado marroquí de la mesa de al lado] sí lo entendería». La confidencia debió epatar a Lunn, que dejó escrito: «Aguilera no es solo un soldado, sino también un erudito. Habría encajado perfectamente en el mundo griego, ya que los griegos no habrían entendido la distinción de Bloomsbury entre intelectuales y militares reaccionarios. Sócrates luchó con distinción como hoplita en Potidea y salvó dos veces la vida de Alcibíades en combate. Esquilo luchó en Maratón y Tucídides y fue un comandante naval que acudió con siete barcos al rescate en la toma de Anfípolis».

Otro día, tras la captura de setenta milicianos en el frente, Elliott le preguntó a Aguilera qué iba a ser de ellos. El capitán enloqueció: «¡Están felices por haber sido capturados! ¿Entiendes?» y hacía chascar el chicote, un látigo corto o fusta, símbolo de mando, contra su bota. Entonces, seguía: «Están contentos por la buena comida que se les da y lo bien que se les trata ¿Lo entiendes?». La discusión la interrumpió Ed Taylor, del *Chicago Tribune*, que se atrevió a decirle al oficial de prensa: «¿Y qué tal si nos dejas verlos entonces? Así podremos escribir historias diciendo que fuimos testigos presenciales de que los prisioneros son bien tratados y que no es cierto que los ejecutan». El capitán tuvo que transigir, «¡No disparamos a los prisioneros! Voy a preparar una visita a la prisión», pero nunca llegó a realizarse. Cuando Aguilera no estaba presente, este grupo de periodistas, aunque fueran de medios de la derecha de su país, se burlaban del capitán y llegaban incluso a imitarle subrayando su forma de decir «¿Entiendes?». En su ensayo sobre la guerra, Davis aportó una descripción de su aspecto que, pese a la tosquedad, lo retrataba como a un dandy. Y aunque el capitán odió al nazismo toda su vida, la verdad es que la impresión que deja el texto es intercambiable con la descripción de un oficial de las SS: «Tiene la cara delgada, incolora; el pelo pajizo, los ojos claros parece también que no tuvieran color. Lleva un pañuelo de seda blanca en el cuello de su túnica, porque es un hombre sensual y le gusta el tacto fresco de la seda; y además es un distintivo de su arrogancia. Lleva botas de un cuero flexible y de gran calidad, así como una fusta. Está por encima de toda ley, disciplina y norma»[34]. Ella registró otra famosa frase del capitán en una discusión con los periodistas.

> ¿Edad de la razón? Las masas no tienen por qué razonar. ¿Derechos del hombre? ¿Un esclavo tiene derechos?

Cardozo tuvo varios accidentes de coche mientras cubría la guerra al lado de sus admirados fascistas. Estuvo en el asedio del Alcázar de Toledo con un vehículo reventado que había dado cuatro vueltas de campana en un campo arado cerca de Valladolid. Un contraste comparado con cómo había llegado allí uno de sus defensores, Jaime

[34] Preston, Paul, *Arquitectos del terror*, Debate, 2021.

Milans del Bosch, condenado por el 23F medio siglo después, que se presentó en el Alcázar en un Rolls Royce blanco descapotable que le había regalado su madre[35].

Aguilera le dio el chivatazo a Cardozo de que iba a caer Badajoz y le dijo que aún podía llegar a tiempo. En el camino, cambiando el filtro de su vehículo cada 150 kilómetros por la mala calidad de la gasolina, encontró un reguero de cadáveres «de combatientes rojos». Una vez allí, elogió la decisión de Yagüe de no bombardear las murallas de la ciudad para no arruinar su patrimonio histórico, y en su lugar colarse por aperturas que había hecho el Ayuntamiento para que entraran y salieran los tranvías hacia las aldeas cercanas. Escribió que se podían seguir los movimientos de la batalla por los rastros de sangre. Aunque había llegado días más tarde, todavía pudo ver cómo camiones cargados de cadáveres se dirigían lentamente hacia un cementerio improvisado a las afueras de la ciudad. Sobre el episodio que ha pasado a la historia, la citada matanza de la plaza de toros, Cardozo, gran amigo de Aguilera, escribió que no tenía fundamento, que el rumor nacía de un periodista estadounidense (Jay Allen), que nunca había estado allí, y que el número tan elevado de víctimas se debía a los combates calle por calle y casa por casa. Solo se fusiló a los rojos que habían ejecutado rehenes, pero que sería

[35] Álvaro Corazón Rural, «Roberto Muñoz Bolaños: "La historia oficial del 23F estuvo bien para 1981, pero cuarenta años después hace agua"», *Jot Down*, diciembre de 2024 (edición online).

la última vez que los sublevados utilizaran tribunales improvisados porque Franco, estricto defensor de la disciplina, no podía aceptarlos. Eso escribió y publicó para satisfacción de Aguilera que no ocultaba su vulnerabilidad aquellos días. A Lunn le confesó el dolor que le producía que su biblioteca personal, abandonada en Madrid cuando salió huyendo de la capital, hubiera sido destruida, según le habían informado. Tres mil libros llenos de anotaciones personales. Estaba tan obsesionado con este tema, que aparecía en sus conversaciones una y otra vez. Los periodistas conocían todo detalle de sus libros perdidos, pero nada de sus familiares atrapados en la capital, entre ellos su madre, de la que recibía noticias a cuentagotas por periodistas que había conocido, como Noel Monk, lo que prueba que se llevaba bien con muchos de ellos.

En una ocasión, en Pozuelo, al lado de una casa de campo desvencijada por la guerra, pudieron ver a Aguilera coger un libro tirado en una cuneta, alisar sus páginas «con gesto cariñoso», según anotó Lunn, e introducirlo de nuevo en la casa en ruinas. Acto seguido, encontraron un perro que había caído en una trampa y estaba agonizando de hambre. Gemía y les miraba fijamente. Aguilera fue a buscar un soldado para que lo matase. «Los perros cerca del frente suelen tener la rabia. Ojalá no hubiera visto eso», se lamentó. Un gesto de humanidad que contrasta con un rumor revelado por Whitaker y conocido por todos los periodistas de que

Aguilera había matado a su chófer por salirse de la carretera. «Era un rojo, eso es todo», dijo el corresponsal que fue su excusa. Lunn cuenta otra anécdota sobre un peatón al que Aguilera había estado a punto de atropellar en venganza por hacerle frenar.

«Un tipo me hizo eso el otro día —dijo Aguilera—. Esperó demasiado, pero por suerte para él, mis frenos estaban bien. Mientras se recuperaba del susto de haber estado a centímetros de morir, salté del coche, lo agarré por el cuello y lo metí en el coche. El pueblo estaba cerca de la cima del puerto de montaña, y lo llevé cuesta abajo durante trece kilómetros mientras sollozaba a mi lado. Luego lo saqué del coche y lo dejé caminar solo. Me aseguré de que sudara antes de llegar. Ese tipo era un ibérico típico».

La ofensiva de Varela en Madrid se estancó y el frente se estabilizó. Pero ese no fue el único destino de Aguilera, que también dejó un rastro de andanzas impresionante en la campaña del norte. Participó en el establecimiento de la Oficina de Prensa centralizada en Álava y siguió las conquistas de las Brigadas de Navarra a las órdenes del general Solchaga. Ahí les esperaba el mayor marrón de toda la guerra. El 26 de abril de 1937, la Legión Cóndor alemana y la Aviación Legionaria italiana atacaron Guernica con bombas incendiarias. El número de víctimas todavía está en cuestión: unos estudios las cifran en trescientas, otros en dos mil quinientas. Un ataque aéreo indiscriminado contra la población civil no era novedad en la guerra. Ya se había tratado de desmoralizar así a la población de Madrid mientras resistía a las tropas de Varela, contando víctimas por millares. Ocurrió lo mismo con las columnas de refugiados que huían de Málaga y, días antes de Guernica, hubo otro brutal bombardeo en Durango. Sin embargo, el de Guernica fue el más simbólico. Era una ciudad sin importancia estratégica, llena de civiles y cuyos defensores se habían retirado hacia Bilbao. Además, no contaba con defensa antiaérea. No revestía ninguna amenaza, pero aun así fue bombardeada «en alfombra», una táctica con el único fin de sembrar el terror. Más de un 70 % de la ciudad quedó destruida. El reportaje sobre las ruinas que había dejado a su paso la aviación franquista escrito por George Steer, de *The Times*, dio la vuelta al mundo. Esa era la guerra moderna.

El capitán Aguilera se presentó en el lugar tres días después junto a las tropas del general Camilo Alonso Vega. Se sabe por la correspondencia con su mujer, a la que ha accedido Preston, que allí aprovechó para cambiar la rueda de su coche por la de uno que se había quemado durante el bombardeo. El mantenimiento de su vehículo se hacía con el botín de guerra de cada día.

Su jefe, Merry del Val, le había dado órdenes en un telegrama de permitir a los corresponsales extranjeros visitar los pueblos del lugar con el objetivo —léase obligación— de que pudieran «contradecir infamias de la propaganda roja que acúsanos de haber destrozado pueblos cuando verdad es que rojos los incendian y destruyen antes de huir vergonzosamente».

A las primeras informaciones de Steer se habían sumado las de Christopher Holme, de Reuters; y Mathieu Corman, de *Ce Soir*, que el 28 de abril ya había publicado que habían muerto ochocientas personas. Bajo la foto de un grupo de milicianos entrando en un refugio antiaéreo, su pieza decía: «Desde el fondo de un cráter de obús, pude ver cómo pequeños pueblos eran aplastados bajo las bombas». Impotentes ante una información que había causado un gran impacto internacional, la Oficina de Prensa y Propaganda siguió la estrategia de negar la mayor. Había que alejar a los corresponsales extranjeros de las ruinas humeantes de Guernica y para ello se tomó la decisión de expulsar a aquellos que habían merodeado por el lugar. Y esa fue una misión para el capitán Aguilera Munro.

En 1940, se publicó el libro *Nothing but Danger*, coordinado por Frank Haninghen, del *New York Post* y *Philadelphia Record*, que reunía ensayos de diez corresponsales británicos. En un extracto[36] del ensayo de Noel Monks, «I hate war», un católico de Merlbourne que estaba trabajando para el *Daily Express* se puede bosquejar en qué consistió esa operación: «Aviones, bombas, balas, fuego. En veinticuatro horas Franco iba a tachar a aquella gente, hundidos en el horror y sin un

[36] Preston, Paul, *Idealistas bajo las balas*, Debate, 2022.

lugar en el que guarecerse, de mentirosos ante el mundo entero. Los supuestos "expertos" británicos llegarían a Guernica meses después, cuando el olor a carne humana quemada había sido sustituido por combustible esparcido aquí y allá entre las ruinas y emitirían un juicio rimbombante: "Guernica fue incendiada por los rojos". Lo que me gustaría contestarles no se puede imprimir. A mí no me acompañó a Guernica ningún funcionario gubernamental. Anduve con libertad entre las ruinas y los supervivientes. Regresé en coche a Bilbao y tuve que despertar al telegrafista a las dos de la mañana para enviar mi mensaje. Se había levantado la censura. El hombre que envió mi crónica urgente no sabía inglés. Si los 'rojos' hubieran destruido Guernica, yo, por ejemplo, podría haber destapado esa historia sin que se enterasen. ¡Y lo hubiese hecho de haber sido verdad!».

Monks no firmaba las crónicas que enviaba por su seguridad, pero tuvo la mala suerte de que alguien pusiera su nombre en el reportaje sobre la derrota franquista en Guadalajara. El jefe de la Oficina de Propaganda, Luis Bolín, mandó detenerle en Sevilla y le amenazó con fusilarle por espía. En el texto revelaba la presencia de tropas italianas y alemanas en España, algo que en ese momento Franco negaba. Fue expulsado de la zona rebelde por Gibraltar y, desde ahí, por mar, viajó hasta Euskadi donde, en lugar de ponerle trabas para que informase, le imploraron que diera a conocer en todo el mundo lo que estaba pasando[37]. Lo que vivió en Guernica y los intentos de silenciarle superaron todo lo que había visto en su experiencia como corresponsal de guerra: «He estado en este oficio muchos años. He cubierto cantidad de cosas, entre otras, dos guerras. He arriesgado mi vida docenas de veces, he esquivado obuses, esquivado bombas, me he tumbado cara al suelo mientras los aviones me ametrallaban. En definitiva, he visto muchas cosas. Creo que sería capaz de olvidar el odio que me embarga cuando recuerdo ese espectáculo horrible, la mayor atrocidad de la guerra moderna. Pero en este momento solo puedo odiar. Odio a los soldados que pensaban que cumplían con su deber matando a hombres, mujeres y niños inocentes. Odio a los generales que daban las órdenes. Odio a los propagandistas de boca pequeña que intentaban negar o explicar los hechos…».

Monks fue testigo involuntario del bombardeo. Su coche fue ametrallado por los Heinkel que participaron en la destrucción de Guernica. Estuvieron a punto de matarlo en la carretera, pero logró abandonar el vehículo y refugiarse a tiempo en un cráter. Desde ahí, pudo escuchar cómo se arrasaba la población. Esa misma tarde, se acercó a la ciudad y fue el primer corresponsal en poner un pie en ella, según su versión, el primero en encontrarse con los cadáveres carbonizados. Calculó casi un millar.

[37] De Guezala, Luis, «Noel Monks, odio a la guerra y amor a la verdad», *Hermes: pentsamendu eta historia aldizkaria = revista de pensamiento e historia*, n.º 41, 2012 (Ejemplar dedicado a: La educación del siglo XXI), pp. 54-62.

No habían pasado ni veinticuatro horas del ataque, cuando los corresponsales británicos recibieron despachos de sus periódicos y agencias instándoles a verificar la información. Berlín negaba su participación en bombardeo alguno y Burgos aseguraba que ningún avión habría podido despegar porque había niebla. Los periodistas tuvieron que volver a la villa, contrastar sus versiones y Monks, concretamente, soportar que Queipo de Llano le llamase «borracho» desde Radio Sevilla. Dijo que todo el tiempo que había permanecido con los sublevados antes de su expulsión lo había hecho amarrado a la botella.

Tres días después, las tropas rebeldes, en su mayoría italianas, tomaban la zona, aunque en Guernica entraron brigadas navarras. Allí, el capitán Aguilera era responsable de cinco periodistas franceses: George Botto, de Agence Havas; Max Massot, de *Le Journal de París*; Jacques Mévil, de *Le Petit Marseillais*; Raymond Méjat, de *Metro Newsreels*, y Jean Dourec, de *L'Action Française*. Llegó con el grupo a las cuatro de la tarde y allí se encontró con otro periodista francés que estaba detenido, Georges Berniard.

Este corresponsal de *Le Petit Gironde* ya había cubierto los frentes de Toledo, Oviedo y San Sebastián junto a los rebeldes. Estaba en Biarritz cuando su periódico le envió a cubrir el bombardeo de Guernica. Salió en avión hacia Bilbao para obtener los permisos necesarios y, de ahí, se dirigió a las ruinas humeantes en un vehículo del Gobierno vasco con chófer y guía. Nada más llegar, todos los miembros del convoy fueron encañonados y hechos prisioneros. Mandarles allí fue un error fatal del Gobierno vasco, que no sabía dónde estaban las líneas del frente.

Por su versión de cómo fue la detención[38] conocemos lo que era el «conejillo de indias» en el Ejército de Franco. Al iniciar la ocupación de una localidad, este soldado marchaba el primero para comprobar si había resistencia, lo que se averiguaba es si era abatido. A cambio, tendría prioridad para hacerse con el botín que encontrase y, a la hora de ejecutar a los prisioneros, le tocaría a él hacerlo en exclusividad. Eso es lo que escuchó Berniard al ser detenido, que «el conejillo de indias» se encargaría de ellos.

Con las manos atadas, a punto de ser fusilado, Berniard pegó un grito: «¡No tienen derecho! ¡Soy un periodista francés!». El oficial que había dado las órdenes al «conejillo de indias» se acercó y le dijo: «Justo la persona que estaba buscando. Primero, vas a firmar una declaración afirmando que el Palacio Vasco ha sido respetado por la Fuerza Aérea Nacional». El periodista fue conducido al lugar, escribió una declaración que le entregó al oficial y, de nuevo, volvió a ser entregado al «conejillo de indias», que le estaba esperando fusil en mano con una fascinación morbosa, suponemos, a tenor

[38] Rutledge Southworth, Herbert, *Guernica! Guernica!: A study of journalism, diplomacy, propaganda and history*, University of California Press, 1977.

de los recuerdos del corresponsal: «El conejillo de indias sigue aquí, le pertenezco, y no quiere perderme».

Gritar le salvó la vida una vez más. Un teniente llamado Pedro Sanz pudo oír su petición de auxilio desesperado «soy francés, soy francés», e interrumpió de nuevo al «conejillo de indias» con una orden cuya sonoridad el reportero recordaría toda su vida: «¡Un momento!». Bajo custodia de este oficial, fue interrogado. Periodistas italianos que le conocían de los citados frentes donde había empezado a cubrir la guerra intercedieron por él. Sandro Sandri explicó a los oficiales locales que los periodistas eran como los soldados, si recibían orden de ir a algún lugar, tenían que hacerlo, y ese era su caso. El italiano le dijo a Berniard que pronto llegaría el capitán Aguilera y se podría aclarar el malentendido. Al escuchar su nombre, el periodista francés se comió las cartas de recomendación que había presentado en el Gobierno vasco y todavía llevaba consigo, y se las arregló para desprenderse del carrete con las fotos que había sacado esa mañana en Bilbao. Cuando, minutos después, unos soldados le robaron la cámara como botín y vieron que no había película, de nuevo fue acusado de espía.

Ahí medió por fin Aguilera, que ya le conocía personalmente. Consideró el caso «extremadamente grave», pero le absolvió de ser un espía. El problema era que había vulnerado una instrucción franquista según la cual todo periodista que hubiera trabajado del lado de los rebeldes y después fuese capturado con los republicanos sería condenado a muerte.

Al menos no fue fusilado *in situ*, como le ocurrió a su guía dos meses después, el poeta del PNV, Esteban Urquiaga, traductor de Lorca al euskera. Aguilera ordenó que se llevaran prisionero a Berniard a Vitoria. La noche del 29 de abril fue interrogado por las autoridades militares y, en el calabozo, un oficial le dijo fríamente que sería fusilado al amanecer. No cayó en que sería la típica broma de militares hasta que el capitán Aguilera apareció de nuevo para decirle que solo estaba bajo arresto. Otra vez, un ejemplo de humor legionario español. Aun así, no logró conciliar el sueño por el miedo y porque le había resultado indigesto todo el papel que se había tragado.

Permaneció en arresto domiciliario en el apartamento del también periodista Georges Botto, de la agencia Havas, hasta el 1 de mayo, cuando Aguilera en persona le liberó, le dijo que todo había terminado y añadió: «Espero que estén contentos en su país. Debe darse cuenta de que han sido los generales Franco, Mola y Solchaga quienes han tomado esta medida de clemencia con usted. Diga esto a sus editores y, sobre todo, envíeme copias de los periódicos en los que exprese su agradecimiento». Berniard prometió hacerlo. Nada más cruzar la frontera, envió un telegrama que fue dictado con estas instrucciones.

Inmediatamente, *Le Petit Gironde* publicó un artículo donde se expresaba esa gratitud hacia los militares rebeldes «por la cortesía, el espíritu humanitario y el respeto por las leyes de la guerra, de los cuales da testimonio haber sido beneficiado en el transcurso de este dramático incidente». Esas palabras en la prensa extranjera fueron la llave para su liberación. El éxito de las gestiones de Aguilera se vio después, el miedo que había pasado temiendo por su vida, así como la conciencia de que el resto de colegas informadores franceses dependían de su comportamiento, le llevó a difundir una versión de los hechos de Guernica que enfurecieron al Gobierno vasco: «Cuando [los anarquistas] inician un incendio, como los he visto hacerlo en Irún, lo niegan. En mi opinión, siguen mintiendo cuando niegan haber incendiado Guernica, ya de por sí espantosamente mutilada, además, por la aviación nacionalista». Ni para ti ni para mí. Pero como ocurre actualmente con la propaganda rusa, con sembrar la confusión ya salen ganando los verdugos que tienen que esconder sus actos y sus intenciones.

Mientras Berniard estaba detenido, el 1 de mayo, Aguilera se llevó a visitar las ruinas de Guernica a su compatriota Botto, cuyo predecesor, Malet-Dauban, había sido apresado por los franquistas y durante un tiempo estuvo condenado a muerte. El artículo que escribió, con su amigo como rehén, estaba redactado a la medida de los deseos del capitán. Fue el periodista que más insistió en la presencia de gasolina y en la ausencia de cráteres de bombas. Su texto en la agencia Havas fue ampliamente difundido por Berlín, lo utilizaron las derechas francesas para desacreditar la información, correcta, de George Speer en *The Times*, y sirvió a los simpatizantes nazis ingleses para contradecir al Gobierno vasco. Teniendo en cuenta que los periodistas italianos escribían al dictado de Franco de forma entusiasta, en Europa occidental, por un momento, circuló la versión de que el bombardeo de Guernica había sido un invento de la prensa inglesa.

No obstante, el historiador Herbert Southworth consideró que no ha quedado probado que Botto tuviera que enfrentarse a una «presión irresistible» para dar una información falsa. Además, había advertido a París de que la información era mentira y había sido escrita bajo coacción de Aguilera. Southworth pensaba que a la ecuación propagandística había que añadir presiones financieras de la casa. Si él era expulsado de la zona rebelde, la agencia Havas no tendría a nadie más. Por otro lado, él personalmente simpatizaba con Franco. Sea como fuere, las mentiras sirvieron para mantener la disciplina de los actores internacionales pro-Franco. Lógicamente, no necesitaban ese apoyo en la Alemania nazi o la Italia fascista, pero sí que era vital la moral de los católicos estadounidenses, franceses e ingleses y otros sectores conservadores. Aguilera estaba pletórico. Había salido en varios documentales, incluso una fotografía suya había aparecido en el semanario *The Sphere* examinando los restos de un combate aéreo cerca de Madrid. Cuando escribió a su familia emocionado, les dijo que estaba orgulloso de que su foto, vestido de uniforme y con rictus serio y profesional, se hubiera visto en todo Londres.

En su regreso al norte, a la caída del Cinturón de Hierro de Bilbao, Cardozo marchaba hacia las cercanías de Amorebieta tras el capitán, junto a Botto, escoltados por seis requetés. Al superar unos setos, todo el grupo fue ametrallado. El capitán Aguilera ordenó a los soldados que no volvieran a moverse en campo abierto y siguieron por un sendero, seguros, pero con las balas silbándoles por encima de la cabeza. Ya en las inmediaciones del pueblo, abandonaron a los soldados y siguieron solo los periodistas y Aguilera. Estaban muy cerca de la iglesia cuando, al doblar una esquina, recibieron ráfagas de disparos. Se refugiaron en una casa y, mientras veían las tejas caer por los impactos de las balas, reflexionaron, según contó Cardozo en sus memorias: «Nos dimos cuenta de que una fuerza considerable de los rojos había descendido al pueblo para tratar de cortarnos el paso. No tardamos en tomar una decisión: habíamos venido a visitar Amorebieta, no a capturarla de su guarnición roja». Traducción: Salieron corriendo fuera del pueblo colina arriba con las balas pasándoles por encima de nuevo. Se turnaron para protegerse tras los árboles y, uno a uno, lograron escapar «sintiéndonos un poco asfixiados y algo ridículos», dijo. Este carácter temerario de Aguilera, por lo que fuera, no se desinflaba.

Días después, otra vez Botto, Richard G. Massock de Associated Press, Max Massot de *Le Journal*, el capitán y

Cardozo iban en un grupo que regresaba del frente en el monte Jata. Seguían el vehículo del oficial de prensa, un Mercedes amarillo que había requisado y con el que tenía por costumbre, o bien reducir la marcha de los convoys, yendo en segunda, con la intención de exasperarles y vacilarles, o todo lo contrario, pisar a fondo el acelerador y darles esquinazo. Lunn dejó un testimonio impagable sobre cómo era Aguilera al volante:

> Me impresionó más la forma de conducir de Aguilera que su erudición. El español es oriental en sus creencias y en su indiferencia estoica hacia la muerte. Nadie que haya viajado unas cuantas centenas de millas con un conductor español pondría en duda estos hechos. Salimos de Ávila temprano por la mañana y durante la primera hora no nos encontramos con ningún vehículo en dirección contraria. Durante esa hora intenté en vano descubrir cuál era el lado correcto de la carretera para los españoles. No me gustaba preguntar, ya que me parecía que era una cuestión que cualquier hombre inteligente debería poder resolver por sí mismo, así que intenté deducirlo. Pero como siempre íbamos por el centro de la carretera en los tramos rectos, e inevitablemente tomábamos las curvas por el interior, no resolví este problema hasta que por poco nos chocamos con un camión que, por suerte, no apareció en una curva sino unos metros más adelante.
>
> En una buena carretera, Aguilera reducía la velocidad a sesenta millas por hora [95 km/h] antes de tomar una curva; en carreteras malas avanzaba penosamente a unas

> miserables cuarenta millas por hora [65 km/h]. No estoy adivinando. Mantuve mis ojos fijos en su velocímetro.

Aunque lo decía desde la admiración:

> Recuerdo una ocasión en que su talento de clarividencia no funcionó. Íbamos a toda velocidad por una carretera de montaña con un fuerte desnivel a nuestra izquierda. Habíamos tomado una curva, por el lado incorrecto como de costumbre, y al doblar la esquina nos encontramos con un enorme camión. Esto no desconcertó a Aguilera, quien se apartó ágilmente con su habitual destreza. Sin embargo, fue completamente sorprendido por un remolque grande que venía unido al camión, el cual giró hacia nosotros justo al pasar el camión, y casi nos obliga a salirnos del borde del camino de montaña.
>
> Solo Einstein podría explicar cómo Aguilera consiguió hacer quedar en ridículo las leyes normales del tiempo y el espacio, y trazar un curso rápido, decisivo y de infarto entre el remolque oscilante y la ladera de la montaña. Así que parecería que la telepatía debe estar reforzada por la relatividad para explicar la supervivencia continuada de Aguilera y de otros conductores españoles. En España está mal visto mostrar, sea con palabras, pensamientos o actos, el menor sesgo a favor de seguir vivo.

El inglés y el capitán hablaron mucho sobre su afición a la velocidad. Lo único que sacó en claro Lunn fue la explicación a su innecesaria y absurda asunción de riegos al volante: si iba de vacaciones a una montaña peligrosa, por ejemplo, minimizaba los riesgos. En cambio, nada de eso ocurría cuando iba al volante de servicio. El capitán entendía que era peligroso ¿pero por qué no entendían los demás el placer de «dominar la materia, someterla y obligarla a obedecer a la voluntad de uno?». Lunn le preguntó una vez al capitán por qué pisaba tanto el acelerador, y este le contestó amablemente: «Si reduces la velocidad, pierdes diez segundos por curva, lo que significa diez minutos al día y casi una hora a la semana».

Y algo así sucedió a la altura de Montecalvo, en Vizcaya. Aceleró de forma enloquecida y dejó a todos atrás en un momento en el que cayó sobre ellos un brutal ataque de artillería. Los del convoy, sin darse cuenta, se encontraron en mitad de un contrataque. Ya no es que las carreteras de montaña fuesen peligrosas por sus meandros, que acababa de recorrer Aguilera a 110 kilómetros hora —cifra dada por Cardozo—, es que estaban siendo barridas por las balas. Los periodistas, abandonados a su suerte por su guía, detuvieron los vehículos y decidieron seguir a pie. A los cuatrocientos metros de caminata, se encontraron con él. Había apagado las luces del coche. Se acercó a ellos con cautela y se los llevó a una cabaña que había en mitad del bosque. Desde allí se dieron cuenta de que los republicanos estaban lanzando una ofensiva infiltrándose en los pinares. Se quedaron ahí hasta que cesaron los ataques. La incursión había sido rechazada, pero podía seguir habiendo combates cuerpo a cuerpo en el bosque que cruzaba esa carretera. Finalmente, llegaron a la una de la madrugada a Vitoria.

Un día antes de la caída de Bilbao, Aguilera volvió a ponerse al frente de la comitiva en la colina de Santo Domingo, desde donde se contemplaba un *botxo* que daba ya la impresión de haberse rendido. La confirmación del ánimo que cundía en la ciudad se la dio un oficial que se presentó en el lugar en un descapotable con dos policías de Bilbao. Estos explicaron que en la ciudad todos los «extremistas rojos» habían huido y allí solo quedaban cinco batallones «de tropas separatistas» dispuestos a rendirse. De repente, la prisa por ser los primeros en enviar a sus medios la primicia de la caída de Bilbao se extendió entre los corresponsales. Con desprecio por su vida, los periodistas y el capitán se adentraron en el casco urbano, en el que todavía no había puesto un pie un solo soldado de Franco. La ciudad había sido evacuada y no ofreció resistencia alguna. Según su testimonio, empezaron a salir por todas partes simpatizantes del Alzamiento, dando vivas a España y abrazándolos como en una melé. El capitán Aguilera desapareció entre grupos de civiles «patriotas entusiastas, desbordantes de alegría» que se lo llevaron hasta el palacio de la Diputación Provincial, donde los gudaris, que hacían guardia pese a que el lendakari Aguirre había huido, le presentaron sus armas y le abrieron las puertas. Técnicamente, el capitán Aguilera había tomado Bilbao.

Con unas calles llenas de afines a la causa, Cardozo se dejó llevar por la euforia. Las mujeres se les echaban encima y Lambarri presumía de ello, iba contando cuántas chicas guapas le habían besado. Es comprensible que para unos civiles que habían temido por su vida y unos periodistas y oficiales que venían de jugársela aquello fuese una verdadera fiesta, pero para el capitán Aguilera no fue así. Estaba enfadado. El corresponsal del *Daily Mail* se quedó de piedra al constatar que «su estricta mentalidad y sus firmes convicciones políticas le hacían ver con recelo la participación de extranjeros en lo que él consideraba un acto de pura celebración patriótica». No le hacía gracia que los periodistas de fuera se apropiaran de la alegría nacional. «Su tono fue algo sarcástico y mordaz, pero comprendimos la tensión del momento y dejamos pasar sus palabras sin objeción». Por el contrario, a su mujer le escribió en una carta lo orgulloso que estaba del recibimiento, «jamás en la vida me han besado más mujeres en menos tiempo».

Pero ante los periodistas no pudo estar más arisco: «hubiera sido fácil responderle que nuestra presencia en Bilbao, incluso antes de que las avanzadillas de su ejército entraran oficialmente en la ciudad, demostraba el valioso papel que los corresponsales de guerra jugaban cada día en la causa de la España nacionalista». Pero no lo hicieron, le tenían miedo o respeto o ambos. No por casualidad, el mote con el que salió Aguilera de los primeros compases de la guerra fue el de Capitán Veneno, un personaje de una novela homónima de Pedro Antonio de Alarcón, escrita en 1882, cuyo protagonista era un militar brutalmente misógino, eternamente malhumorado e intratable.

El juego del capitán no era ingenuo en absoluto. Tenía arrestos para conducir a primera línea a los periodistas que quisieran correr riesgos y se jugaba la vida con ellos. La única condición que exigía ese apoyo es que la crónica resultante fuese favorable a la causa franquista. Pero, como indica Preston, los periodistas menos convencidos de las virtudes del fascismo se quejaban de que les negase el acceso a las verdaderas noticias.

Aguilera, primer locutor de radio en España

Tantos horrores de la guerra no hicieron que el capitán moderara el tono y le cogiera respeto a las balas. A inicios de 1937 consta su solicitud por escrito para entrar en combate. Fue en una misiva en la que explicaba que si había abandonado antes el Ejército fue por negarse a «servir bajo la bandera tricolor y todo lo que dicha bandera representaba». Su petición fue denegada, pero volvió a reiterarla a finales de año, aunque con la misma suerte. Desde su nombramiento como oficial de prensa, nunca nadie mostró el más mínimo interés en él. Cuando se montó Radio Nacional de España, la dirección recayó en Jacinto Miquelarena, periodista deportivo y coautor de la letra de *Cara al Sol.* Al parecer, méritos más reseñables que ser uno de los pioneros de la radiodifusión en España, como podía acreditar el capitán.

Marconi había inventado su telegrafía inalámbrica en 1895, cuando Aguilera Munro tenía diez años. En sus años de estudiante en Inglaterra tuvo contacto con ese prodigio tecnológico, al que pudo ver en acción durante la Gran Guerra. Siempre atento a los avances científicos, leyó cuanto pudo sobre radiodifusión y llegó a convertirse en todo un experto de forma autodidacta. Como aficionado, fabricó sus propios receptores de radio y tuvo relaciones con las primeras empresas que se propusieron lanzar el aparato en España. Al final, llegó a ser vicepresidente del Radio Club España y uno de los mayores divulgadores de las posibilidades que tendría ese nuevo mundo que se iniciaba en el siglo XX con comunicaciones inalámbricas. Su disgusto por el ninguneo fue mayúsculo, cuenta su biógrafo, al haber sido la primera persona en dirigirse en castellano por radio a toda España en un mensaje emitido por la BBC el 30 de enero de 1924. Lo hizo desde Bournemouth con la intención de atraer la atención de la prensa hacia el invento y lograr que se permitiera la instalación de emisoras privadas.

En el mensaje, dijo: «La Compañía Británica de Radiodifusión ha tenido la bondad de permitirme esta ocasión de deciros unas cuantas palabras en castellano, con las que habré de dar una ligera idea del extraordinario desarrollo que, en poco más de un año, ha experimentado en este país la radiodifusión, y de la manera como este nuevo medio de comunicación ha llegado a constituir parte de la vida diaria de cientos de miles de familias, en una forma de la cual en España la generalidad no tiene la menor idea». Dos décadas después, nadie en su bando se acordaba de su papel en el grupo de entusiastas que introdujeron la radio en España.

La siguiente escala bélica de Aguilera recaló en la batalla de Brunete. Mientras las tropas de Franco estaban centradas en intentar tomar Santander, el Ejército Popular de la República lanzó una ofensiva para aliviar la presión sobre Madrid. Fue una de las batallas más sangrientas de la guerra para ambos bandos, aunque la República no logró sus objetivos estratégicos. Aguilera se presentó en la cuenca del Guadarrama junto a las brigadas navarras IV y V, sacadas de Santander, a donde volvió para participar en la captura de la ciudad el 24 de agosto de 1937. Otra vez, como en Bilbao, se adelantó a las tropas franquistas con su coche, en el que llevaba a Kemp. Llegaron dos horas antes y se cruzaron con milicianos que huían desesperadamente de la ciudad, todavía armados, pero sin ninguna intención de combatir.

Días después, salió con Virginia Cowles en dirección a León. De nuevo en su Mercedes, en cuyo asiento trasero llevaba dos rifles automáticos[39]. Por el camino, fueron sorteando camiones del ejército italiano, carros, animales

[39] Cowler, Virginia, *Looking for trouble*, Faber & Faber, 2010.

y, sobre todo, refugiados. Estos llamaban la atención de Aguilera, que le dijo a la periodista: «Nunca se ven chicas guapas, cualquier chica guapa que no tenga cara de bota consigue que la suban a un camión italiano». Se conoce que no poderlas subir en su coche le contrariaba. Al final, consiguió montar en el vehículo a dos chicas con pañuelos atados a la cabeza, desesperadas porque, según contaban, el ejército republicano en retirada les había robado las vacas.

En Llanes, Aguilera preguntó a los soldados si el camino estaba despejado. La mayoría de ellos eran extranjeros, uno le contestó en alemán y el capitán le dijo a la periodista:

> Buena gente los alemanes, pero un poco demasiado serios, nunca se les ve con mujeres, pero supongo que no han venido para eso. Si matan suficientes rojos, se les puede perdonar todo.

Siguieron su camino por los Picos de Europa. A su paso por un desfiladero, se puso a llover. El capitán, fiel a sus manías, pisó el acelerador a fondo. Solo bajó la velocidad al encontrarse con una fila de soldados montados en mulas. En las aldeas de la zona aún resistía la propaganda electoral, la escritora pudo ver un cartel roído que decía «Vota al Frente Popular». No pudieron llegar mucho más lejos, porque un puente había sido volado. Volvieron a Torrelavega, donde solamente se cruzaron con gente hambrienta, las tropas en retirada se lo habían llevado todo, incluso los molinillos de café, se quejaba una señora. Tampoco pudieron encontrar fácilmente un lugar para dormir, el ejército republicano también se había hecho con todos los colchones. En este patético periplo, dieron con un pelotón de quinientos prisioneros trabajando en la reconstrucción de un puente bajo las órdenes de oficiales alemanes con uniformes de color pardo y corbatas negras. Aguilera le dijo:

> Da gusto verlos reconstruyendo lo que destruyeron. Lo único que les gusta a los rojos es destruir. Tienes que destacar eso en uno de tus artículos. El gozo de destruir.

Cowles le respondió preguntándole si no es normal que los ejércitos en retirada vuelen los puentes, a lo que el capitán le contestó tajante: «Hablas como un rojo». Al día siguiente, en la carretera ya solo había burros. Nada daba la impresión de que ahí había una guerra, y bastante salvaje. En un momento, Aguilera soltó:

> Malditos rojos, ¿por qué han tenido que meterle ideas a la gente en la cabeza? Todo el mundo sabe que la gente es tonta y está mucho mejor cuando se le dice lo que tiene que hacer, en lugar de intentar gobernarse sola. El infierno es poco castigo para los rojos. Me gustaría empalar a cada uno y verlos retorcerse en estacas como mariposas…

El capitán, delante de una mujer, estaba crecido en sus discursos. La propia Cowles lo notó. Según decía la última palabra, la miraba para ver qué efecto había causado en ella. Como la periodista guardaba silencio, volvió a provocarla:

> Solo hay algo que odie más que a un rojo, una mojigata.

Días después, volvió a soltar otra *boutade* delante de ella. Se encontraban ante un grupo de prisioneros cargando con picos y palas. El capitán Aguilera interrumpió la conversación que Cowles tenía con otros hombres para decir con sorna:

> Prisioneros rojos, capturados en Santander. He oído que construyeron una de las carreteras de montaña en ocho días. Casi sin dormir, ¿eh? Así es como hay que tratarlos. Si no necesitáramos caminos, me encantaría coger un fusil y encargarme de un par.

En otra ocasión, la periodista entabló conversación con un soldado de diecinueve años procedente de Sevilla, que estaba comiendo tranquilamente tumbado en la hierba. El chico le dijo que luchaban contra los rojos que, como eran muy pobres, se habían dejado engañar por Moscú. Inmediatamente, el capitán interrumpió con la intención de molestar. Le preguntó al soldado si es que acaso decía que la gente no estaba satisfecha.

Al chico se le heló la sangre, apuntó la periodista, y dijo que esas no habían sido sus palabras. Aguilera le gritó: «Has dicho que eran pobres. A mí me parece que tú también estás lleno de ideas rojas». Lo único que pudo hacer la corresponsal fue alejarse del lugar, pero Aguilera siguió insistiendo: «¡Hay que erradicar este tipo de ideas!». Como la estadounidense no comulgaba con esas posiciones, dejó de dirigirle la palabra y pasó a humillarla en cuanto pudo. Si tenía que llevar a unos alemanes a sacar unas fotos, no la invitaba y la dejaba sola en el coche durante horas. Ofendida, cuando Aguilera le ofreció presentarse ante su superior junto a toda la comitiva, ella se negó. Según contó, el capitán, rojo de rabia, le dijo «has insultado a la causa nacionalista, ya tendrá noticias más adelante». Las noticias resultaron tomar la forma de una maniobra para que no pudiera salir de España, que es lo que quería hacer ella. La sacó un diplomático británico, Geoffrey Thompson, de forma furtiva por Irún. Los guardias le pidieron solo la documentación a él y obviaron la de ella. Cuando pasaron por San Sebastián todo el mundo daba por hecho que ya la habrían detenido, ese era el rumor. Sus últimas horas en España fueron tan dramáticas que, escribió en sus memorias, nunca tuvo valor para volver a la zona franquista.

En el invierno del 37, el capitán se presentó en la ofensiva republicana en Teruel. Su vida de oficial de prensa seguía siendo rutinaria: vigilancia, censura, intimidación…

Trabajaba sin descanso. Por ejemplo, no podía permitir que se sacase cualquier foto de los soldados de Franco, porque generalmente estaban saqueando y era fácil verles con enseres de otras personas o sus botines de guerra. Sin embargo, en Aragón, en un mes de diciembre en el que hubo temperaturas de -20°, no se andaban con sutilezas y el capitán pudo disfrutar plenamente de la guerra. Quedó, al parecer, fascinado por una carga de caballería ligera de su admirado general José Monasterio Ituarte. Ambos se conocían de su periodo en África, eran aristócratas y monárquicos y compartían aficiones, como la hípica y la aviación. En esa acción de guerra, que consideró memorable, lo describió como «un centauro legendario».

En el 38, el trabajo de Aguilera pasó a ser extenuante. A los frentes, Castellón, el Ebro, tuvo que añadir desfiles, actos propagandísticos y exposiciones organizadas por Serrano Suñer, hasta un punto en el que empezaron a surgir testimonios que le describían más «irritable y hosco» de lo normal por la suma de incomodidades y kilómetros. Además, su hijo Zalo había sido herido en el frente de Aragón, contrajo fiebres palúdicas y estuvo a punto de perder la pierna por sus heridas; se quedó sin el pulgar de la mano derecha, de hecho. Por la correspondencia que mantenía con la familia se ve que durante este periodo el capitán lo pasó mal. En esas misivas también se aprecia una humanidad insólita. Pregunta por los trabajadores de su finca, se preocupa por los destinos de los mozos de su pueblo y asegura que siempre que puede se los mejora.

La supervisión de los periodistas, de todos modos, dejó de ser tan estresante en la última etapa de la guerra. La victoria estaba tan cerca que ningún corresponsal la pondría en peligro documentando atrocidades o la alianza con las potencias del Eje ahora que en europa ya estaban todas las cartas sobre la mesa. En enero de 1939, el capitán estaba destinado en Lleida en la división de caballería de su amigo. Fue citado para asistir a la caída de Barcelona el día 26.

Aguilera entró en la ciudad con las tropas del ejército marroquí y, de nuevo, como había hecho en Bilbao y Santander, se aventuró tras las líneas por su cuenta. Parece que se las arregló para llegar hasta el despacho de Lluis Companys, en el Palacio de la Generalitat y, como trofeo de guerra, se llevó la radio del *president*, un moderno aparato que por lo visto le resultó irresistible. En la cárcel Modelo y en el castillo de Montjuic estaban presos su hermana y su cuñado, trasladados desde Madrid. No duraron mucho más, en 1940 fallecieron ambos como consecuencia de las secuelas del cautiverio. Se sabe también que el capitán participó en la cobertura informativa del desfile que pasó por la Diagonal.

Para el 28 de marzo ya estaba en Madrid. En la capital entró con las tropas de Eugenio Espinosa de los Monteros. De nuevo, se encontró con algarabía y júbilo en el recibimiento de los partidarios de la causa. Nada más llegar se fue a su casa en busca de su preciada biblioteca y se encontró con que todo estaba completamente desvalijado. Lo primero que hizo entonces fue iniciar el procedimiento para recuperar su patrimonio personal. Al final, la mayoría de sus libros aparecieron repartidos entre un instituto femenino de bachillerato y la Biblioteca Nacional de Recoletos. Recuperó casi un tercio del total.

Un amigo inglés, Harold Stowe, que había sobrevivido los mil días en Madrid, le regaló unos versos sobre los horrores que vivió durante el sitio madrileño. El capitán, que no era especialmente aficionado a la poesía, los guardó toda la vida. Por esas fechas, también había declinado ya mucho el ardor guerrero. El nuevo Estado, netamente fascista, no seducía a un aristócrata monárquico como él. Aguilera nunca simpatizó con los *ismos*, ni con este que era, aparentemente, tan afín a su forma de pensar. Tampoco le caía muy bien la generación de universitarios que, llegados desde la Juventud de Acción Católica de Ángel Herrera Oria, habían ocupado la mayoría de los puestos importantes de oficial de prensa.

No tuvo ningún interés en continuar en el aparto de propaganda estatal. La guerra para él se acabó en sentido estricto, su último servicio fue el desfile de la Victoria en Madrid y casi se queda sin su otro hijo, el pequeño Chito, que estuvo a punto de ser atropellado por un carro de combate que estaba dando marcha atrás para entrar en la plaza de Emilio Castelar.

5.
CARENCIAS AFECTIVAS Y CONQUISTAS SEXUALES: GONZALO DE AGUILERA MUNRO, CONDE DE ALBA DE YELTES

Es curioso cómo una personalidad tan enérgica, la de un hombre de acción que durante la guerra fue extravertido y extremadamente fanfarrón, al acabar la contienda se fue apagando poco a poco. Con los años, el enfisema que padecía y los problemas de circulación empezaron a pesarle. Pero había algo más: rechazaba el mundo en su conjunto. Se sumió en actitudes misántropas y fue criando una rabia acumulada hacia todo lo que le rodeaba. Rechazaba celebrar cualquier cumpleaños, boda o bautizo, y detestaba las muestras de cariño en público. Tampoco quiso convertirse en el tutor de sus sobrinos, huérfanos tras la guerra, porque comportaba demasiadas obligaciones legales; aunque a uno de ellos, Abilio, le dedicaría su libro más importante, *Cartas a un sobrino*, en el que plasmó todo su pensamiento y experiencia, acumulados durante toda una vida aventurera y dedicada a la lectura.

Una fuente de frustración fue el régimen de Franco que con tanto empeño había ayudado a instaurar. Carrero

Blanco también era monárquico, pero con matices: nunca aceptaría a un rey que convocase elecciones. Como estratega de Franco, el almirante diseñó las instituciones de una dictadura con vocación de perpetuarse más allá de la vida del caudillo. Entre otras argucias estratégicas, Franco y Carrero se las arreglaron para suspender la monarquía hasta que ellos considerasen oportuno. El efecto que esto tuvo en los generales monárquicos se dejó notar sobre todo cuando el Eje perdió la Segunda Guerra Mundial. Llegó a haber ruido de sables, pero como bien sabemos nada llegó a nada. Aun así, y jugándosela, Aguilera había dado apoyo público a Gran Bretaña desde 1940. Realmente, desafió los límites de la tolerancia del Régimen durante estos años. El 1 de octubre de 1942, por ejemplo, soltó a los que le escuchaban en el Hotel Palace de Madrid que se consideraba «enemigo del Régimen». Logró evitar la cárcel por mediación del gobernador civil de Salamanca, pero le pusieron una multa de diez mil pesetas, más del salario anual que percibía como capitán del Ejército. Y no aprendió. Cuando se le quiso premiar por sus servicios, o callar, con el cargo de representante provincial en Salamanca de la recién creada Tabacalera, lo consideró un insulto, y la respuesta que le dio al enviado que se lo propuso fue contundente: «Le digo a usted y al *hijoputa* de Franco que salgan ahora mismo de mis tierras».

La aristocracia se había garantizado con Franco impuestos mínimos o inexistentes sobre su patrimonio y una mano de obra «cautiva y desarmada», pero la nobleza no vio una restauración institucional de su poder. El reparto se realizó entre la Falange y la Iglesia. Los artífices del nuevo régimen ni se plantearon el anacronismo medieval aristocrático que tenía en mente Gonzalo Aguilera. Juan de Borbón sí que debió de tener noticia de su compromiso monárquico sin fisuras, porque en 1955 le invitó a la puesta de largo de su hija Margarita en Estoril, aunque el conde, refractario a los ágapes y conmemoraciones, no acudió.

Quizá la deriva de su carácter viniera antecedida por sus fracasos. Quería ser escritor y no le salió bien, su finca no se convirtió en una próspera explotación aunque introdujo la primera segadora y trilladora mecánicas, y en la sociedad salmantina le hacían el vacío por extravagante. Algo mutuo, porque él tampoco quiso parecerse nunca a los señoritos de la zona. Fue su mujer, Magdalena, quien acabó manejando la hacienda familiar y llevaba el día a día de todas las gestiones, a veces desagradables. Al conde le acabó importando poco y no mostró apenas interés, algo que ya le venía de largo. Se sentía más cómodo en la abstracción y el pensamiento, la lectura y la metafísica —aunque fuese de andar por casa—, que en las cuestiones prácticas de la vida, si bien había diseñado un sistema de bombeo y cañerías para llevar agua a la casa de la finca desde un pozo cercano y un sistema eléctrico a motor antes de que llegara la red a la localidad. Era un verdadero manitas. En su encierro voluntario, fabricó radios, gramófonos, un teléfono interno dentro de la finca, aviones de aeromodelismo y colocó altavoces para que sonasen a todo volumen Schubert, Strauss y, por supuesto, Wagner. Ahora, raro era que le prestase la misma atención tan detallista al negocio de la explotación porcina que se traían entre manos en ese lugar.

Sus afectos más íntimos los reservó para sus animales. Adoraba los gatos, llegó a tener más de cuarenta, y varios pastores alemanes y alsacianos. Aunque tenía arrebatos de mal genio frecuentes si alguien le llevaba la contraria, no era una persona especialmente agresiva, aunque en una ocasión ató con un alambre de espino al cabrero y le golpeó con su fusta porque no había tratado bien a uno de sus perros. Se trataba de Renovero, su favorito, que fue disecado tras su muerte. Hasta al entierro de su madre se llevó los perros a la Iglesia, y le montó un pollo al cura. Coherente por una vez, como amante de los animales detestaba la tauromaquia, tanto por la crueldad de la tradición como por los asiduos. Ni siquiera era capaz de cazar, odiaba disparar a los animales, solo lo hacía con las ratas. Para divertirse, lo suyo era el fútbol, deporte que él mismo había introducido en Salamanca con la creación del primer equipo del lugar en 1905. Y para establecer más distancia con todos esos ganaderos taurinos, en sus tierras, el citado cabrero y el pastor dormían en viviendas permanentes edificadas por el conde, no en chozos de piedra y barro. Y, si bien no introducía grandes lujos en sus dependencias en la finca, cada vez que se permitía escapadas por Europa se alojaba en los hoteles más exclusivos, tanto si iba a Gran Bretaña o a París, como si se dirigía a Madrid. En verano, se escapaba a San Sebastián y Azpeitia, donde navegaba con su propio velero, el Ayagoi.

Estaba obsesionado con la medicina naturista y las dietas milagrosas de la época, hasta el punto de tratarse una úlcera de estómago con leche de cabra y jamón serrano. Dedicaba todas las mañanas a la lectura, generalmente de varios libros a la vez mientras fumaba como un carretero. Era verdadera compulsión. Todo lo contrario que con el correo. Apenas abría las cartas que le llegaban, solo si eran importantes a juzgar por el interlocutor; el resto se acumulaban y se quemaban sin abrir. Una costumbre que le llevó, como es de imaginar, a tener graves problemas con el ya de por sí tímido fisco del franquismo. Llegó a amenazar a un funcionario de Hacienda con meterle un tiro, en otra ocasión entró a caballo en el ayuntamiento, y todo por una manía tan absurda como quemar las cartas que recibía.

También era un fanático del teatro con verdadera devoción por una actriz: Conchita Montes. En una ocasión, llegó a invitarla a cenar, a ella y a su marido, Edgar Neville. Con las mujeres siempre tuvo sus más y sus menos. Era un seductor de carácter donjuanista, de los que muestran más interés por la conquista que por la profundidad de los sentimientos; y con fases casanovistas: idealización de la pareja, pero con miedo a la intimidad y tendencia a huir del compromiso real. En la posguerra, mantuvo este rasgo de carácter. Cuando iba a los hoteles de lujo de Madrid, se acercaba a los turistas y estudiantes extranjeros para darse el gusto de hablar en la lengua de su madre, el inglés. Eso a veces se convertía en flirteos. Una vez llegó a alojar a una tal Sheila en su finca, lo que generó escenas muy tensas no solo con su mujer, sino también con sus hijos. Pero no paró nunca: hasta 1960, cinco años antes de su turbulenta muerte, está documentada su relación con amantes. En concreto, con la londinense Miss Janet Medwell, a quien había seducido en un baile. Con más de setenta años, seguía siendo un bailarín consumado, asegura Luis Arias.

Acumular conquistas sexuales, esa obsesión masculina tan extendida, ayer y hoy, fue el origen de parte de los problemas del conde. A principios de siglo, su primera novia había sido Inés Luna Terrero, hija de un importante terrateniente salmantino y, por tanto, rica heredera. A priori, la pareja ideal para una familia con principios aristocráticos —aunque Inés pasó a la historia precisamente por no casarse—, pero a los padres del conde no les convencía porque gastaba dinero a espuertas y fumaba en público. Fue amante del dictador Miguel Primo de Rivera, pero durante toda su vida mantuvo una autonomía sexual y económica. Al igual que Aguilera, hablaba inglés, francés y alemán, y era una apasionada de las armas, los coches y montar a caballo, lo que hacía con pantalones y en silla masculina, no de amazona. Solo les diferenciaba su dedicación a la crianza de toros de lidia, pero el noviazgo no prosperó.

La correspondencia entre ambos se ha conservado, y Preston y Arias la han empleado para analizar sus personalidades, tanto la de una mujer que en una época tan temprana decidió vivir y disfrutar su soltería, como la del conde, cuyas declaraciones tanto impacto tuvieron en el estudio de la Guerra Civil. El Aguilera de veintitrés años mostraba un desdén absoluto hacia los estudios y, en la mili, le arrestaban con frecuencia por participar en novatadas. Encajaría en el perfil actual de un *bully*. Y al mismo tiempo, era un romántico desatado, se mostraba como un solitario incomprendido y soñador, e Inés le tuvo que pedir que por favor bajara el ritmo de cartas y no le enviara tres al día, que la distraía de sus estudios, y se conformara con una a la semana. El tsunami epistolar encima no podía ser más cursi, aunque en la época emplear fórmulas como la célebre de Fernando Galindo (José Luis López Vázquez) de «un admirador, un amigo, un esclavo, un siervo» quizá fuera normal. Aguilera le decía: «Mi adorada, mi amada, mi idolatrada»; y ella, en las anotaciones que hacía al margen, le tenía completamente calado, especialmente en una donde escribió: «Amor de niño, agua en cestillo».

No podía tener más razón. Aguilera alternaba estas cartas platónicas y exageradas con encuentros con más mujeres. Entre ellas, Magdalena Álvarez, la que luego sería su mujer, pero que lo fue por la puerta de atrás. Según Preston, era «voluptuosa» y tenía dieciséis años cuando el conde la conoció en un salón de baile. El problema radicaba en su profesión de planchadora y su condición de hija del propietario de un negocio de alquiler de coches de caballos en Chamberí, una posición indigna para la raigambre del conde y su familia. Cuando le dijeron a Inés que Aguilera tenía otra novia, este se fugó de casa de sus padres para ir hasta Salamanca —donde se alojó en el hotel más lujoso de la ciudad— para pedirle perdón, se reconoció «un canalla», prometió y juró que nunca volvería a suceder y que sería su esclavo en el futuro.

Inés le pidió que se casara con ella. Y es ahí donde la relación tocó hueso. El conde llevaba ya unos años disfrutando de una actividad ociosa y sin preocupaciones. Era un genuino señorito, y el compromiso temprano suponía el fin de todo aquello. Uno de sus autores favoritos, Balzac, decía en su *Tratado de la vida elegante* que «para ser elegante es necesario gozar del ocio sin haber pasado por el trabajo». En su respuesta, el conde le dijo a Inés que en realidad solo sentía por ella algo físico y que era mejor dejarlo para evitar un «cataclismo». En su cinismo, llegó a ser cruel. Dijo que todo lo que había pasado entre ellos era porque estaba poniendo a prueba su amor, a ver si podía ser duradero, y había descubierto que no. Y en las siguientes cartas siguió declarándole su amor incondicional, recordando los momentos juntos, pero dejando claro que no quería casarse con ella.

En 1911, Inés cortó definitivamente, y él empezó a acosarla haciendo guardia enfrente de su casa. Inés tuvo que dar órdenes a su servicio de que no se le abriera la puerta bajo ningún concepto y que su coche nunca se parara si se cruzaban con él. En las cartas, el conde empezó a amenazar con el suicidio si no podía verla y ella, en las notas al margen, se mofaba de su tremendismo. El envío de misivas lastimeras rogando que volvieran siguió mientras él estuvo destinado en Marruecos y, en la Primera Guerra Mundial, fue él quien pasó a proponerle matrimonio; pero Inés sabía perfectamente que seguía con Magdalena mientras lo hacía, y le ignoraba con frialdad y, posiblemente, hartazgo. El conde estuvo hasta 1922 escribiendo cartas llenas de rencor recriminándole que se había alejado de él.

En el otro lado de la relación, Magdalena ejercía el papel de novia clandestina. Al principio, Aguilera la negaba en público. El 26 de diciembre de 1916, cuando tuvieron su primer hijo, se inscribió en el registro como «hijo de soltera». La madre del conde le recomendó que le pusiera un piso y siguiera tan pichi con su vida. Eso hizo, pero tuvo un hijo más con ella, el pequeño Agustín, y enseguida se comprometió con otra mujer más presentable a los ojos de su estamento, la hija de los duques de Fernán Núñez, pero esta boda tampoco llegó a término.

La prometida fue espantada por Magdalena, que un día abordó a Livia Falcó y Álvarez de Toledo en la Castellana con su hijo de ocho años y el recién nacido en el carrito. No contenta con la escena, la encañonó con una pistola. El escándalo fue mayúsculo y la relación se rompió. El conde pidió inmediatamente la reincorporación al servicio y huyó en dirección a Marruecos, donde se preparaba el desembarco de Alhucemas.

Una hipótesis del origen de la conducta desordenada, voluble y contradictoria mostrada por el conde en su juventud está en su niñez, así como la naturaleza de sus arrebatos y famosas idas de olla, especialmente las que cometió ya de mayor, encerrándose en sí mismo en su finca hasta perder el oremus. Sus padres no estaban casados cuando nació, en 1886, lo que no era de recibo en la sociedad de la época. Su padre, Agustín Aguilera y Gamboa, Conde de Alba de Yeltes, había conocido a María Ada Munro en un tren. Fue un flechazo, porque el conde canceló la boda que tenía prevista con la marquesa de Villa-Huerta, Amelia del Valle y Serrano. Volver a pedirle a la reina María Cristina permiso para casarse —después de una espantada que había conmocionado a la sociedad madrileña— era un marrón, por eso tardaron años en hacerlo y tuvieron los hijos en pecado. Pero aquello había sido solo un desliz, no quería decir que el conde fuese un vivales. Era muy estricto e inflexible con la educación de sus hijos, que no bastaba con que fuesen aristócratas, tenían que demostrarlo con sus modales, etiqueta y conducta. A esa presión había que añadir la de la madre. La pobre mujer había sido repudiada por la noble familia de su pareja, lo que la condujo a inventarse un pasado aristocrático en su Escocia natal con el que le calentaba la cabeza a su pequeño hijo Gonzalo. El crío sin duda pronto debió de percibir el rechazo y aislamiento que sufría su madre en Madrid y estableció un vínculo con ella tan intenso que le llevó a, como ella, sobreactuar la cuestión aristocrática no solo ejerciendo, es decir, sintiéndose miembro de una estirpe superior a los demás desde hacía siglos (mentía frecuentemente siglo arriba, siglo abajo, sobre su linaje); sino creyéndoselo íntimamente hasta desarrollar una forma de ver el mundo social y política marcada irremediablemente por ese prisma.

Como muchos niños que han recibido demasiada presión, Gonzalo luego obtuvo resultados mediocres en clase. Su primer colegio fue el Nuestra Señora del Recuerdo, de jesuitas, donde ya empezó a rodearse de toda la alta alcurnia madrileña. Debido a su fracaso escolar y la rigidez de estos religiosos, desarrolló un odio visceral a la Compañía de Jesús que no hizo más que crecer durante toda su vida. Y todavía le quedaba lo peor: lo enviaron a un internado inglés con nueve años. El trato a los niños en plena era victoriana era de un autoritarismo y una disciplina brutales. Lejos no de sus padres, sino de su país, los especialistas consideran que estas circunstancias pudieron lastrar su desarrollo emocional marcándolo con unas carencias afectivas que condicionaron todos los pasos que dio en la vida.

Como las notas que sacó allí eran todavía peores, sus padres hicieron otra picia mandándole esta vez a Alemania. De estos años venía su pasión por Wagner y por *Crítica de la razón pura* de Kant, que según confesó en sus memorias estaba en la estantería de todos los estudiantes alemanes de su época, *igual* que ahora más o menos. Porque tonto no era, pese a no ser capaz de estudiar ordenadamente, y al final el paso por estos internados le sirvió para desarrollar una gran capacidad autodidacta, aunque solo fuera como rechazo a la aspereza y autoridad con la que le trataron los curas en esas instituciones. A partir de ahí, toda su vida fue por libre. Pero el riesgo que se corre al tomar un camino sin maestros ni referentes es acabar con una empanada mental fina. Y lo pagó. Afectivamente, cuando regresó de los internados era un completo extraño para su familia. No solo eso, les debió de odiar en secreto cuando recorrían Europa haciendo turismo con su hermana pequeña, Nena, mientras a él le habían poco menos que encerrado en lugares odiosos.

También se puede achacar a esas circunstancias que tuviera su propia personalidad, y bien marcada. Rodeado de la flor y nata de la sociedad más conservadora, nunca encajó en el cliché de lo que se suponía que tenía que ser. Estuvo en África en varias campañas, pero no se integró en la comunidad militar que se formó en ese escenario, donde los lazos que les unían eran muy intensos y activos. Aguilera prefería jugar al polo y dar pellizcos a las mujeres en los bailes.

La disputa entre el *lobby* de los militares africanistas y su exigencia de ascensos por méritos de guerra, frente a los junteros que los defendían por escalafón o antigüedad, fue uno de los orígenes de la (multicausal) Guerra Civil, aunque hoy se hable poco de este choque porque no encaja en las narrativas políticas.

Por su extracción social y su experiencia sobre el terreno, y quizá por no tener nada más que hacer en la vida que divertirse en Madrid y veranear en San Sebastián con su madre, Aguilera daba el perfil para hacer suya la causa de los africanistas. Sin embargo, no intimó con el grupo, incluso cuando hubiera sido ventajoso para él porque sus miembros siempre se brindaron apoyo y cooperación. Pasó por sus filas sin pena ni gloria, con escasas amistades, y a su regreso decía que la guerra no iba con él. Había sido condecorado, tenía derecho a una pensión, pero ni siquiera la reclamó. En lugar de volver contando hazañas heroicas, empapado en la épica que luego se destilaría en el pensamiento de personajes como Millán Astray o el propio sustrato de la Legión, ver morir a los compañeros en operaciones militares no muy justificadas, en un país pobre y duro, solo le sirvió para rechazar la guerra colonial. Arias cita una carta que le escribió a Inés que no puede ser más elocuente:

> Los que estamos de aquí de aficionados, por sport, como quien dice, somos unos primos: porque estar aquí pasándolo de mala manera, privándose de mucho y expuesto a dejarse los sesos en cualquier barranco solo para que alguna generación venidera pueda presumir y ser despreocupada es ya demasiada filantropía.

No consta una sola palabra de Aguilera defendiendo la presencia española en Marruecos.

Otra experiencia igual, o más brutal, que tuvo fue su paso por la Primera Guerra Mundial. Tuvo un papel similar de alguna manera a su futuro destino de oficial de prensa, en este caso fue comisionado de la oficina *pro captivis*, financiada por el rey Alfonso XIII, para el cuidado y protección de los prisioneros de guerra, localización de desaparecidos y supervisión de los campos de concentración. Como haría después en la Guerra Civil, recorrería miles de kilómetros y sería un testigo privilegiado de los horrores de la guerra de trincheras y las armas químicas. Quedó muy impresionado por los soldados víctimas de gases, que al toser escupían tejido pulmonar, y comentó que, ante ese escenario, había empezado a dejar de ser cristiano. Es llamativo que en Alemania intimara con Antonio Vallejo-Nájera, un psiquiatra que también estaba inspeccionando campos de concentración, y estableciera contacto con sus homólogos alemanes favorables a la eugenesia e «higiene racial», que luego dio un corpus teórico al nacionalsocialismo.

Aguilera pudo quedar fascinado por estas teorías, pero al mismo tiempo, en sus otras opiniones estaba alineado con el humanismo que surgió aterrorizado en los años diez. El exterminio que tanto le afectó de la Gran Guerra, y posteriormente también de la Segunda Guerra Mundial, en España no solo le dio exactamente igual, sino que lo defendió con entusiasmo. Y la pregunta es por qué, si no se mezcló con las fuerzas vivas que conspiraron contra la Segunda República, ni se le conoció militancia política más allá de su clase aristocrática, exagerada y sobredimensionada por la influencia de su madre. Tal vez las respuestas se encuentren en su gran obra, *Cartas a un sobrino*, el libro en el que quiso reunir todo el saber que había acumulado por su cuenta devorando lecturas.

6.
EUGENESIA Y ATEÍSMO

Años leyendo sobre ciencia, técnica y filosofía convirtieron a Aguilera en un auténtico erudito. Parte de su problema de escasez de amistades pudo, de hecho, venir por ahí. No soportaba a los que hablaban sin saber, que ante su vasto bagaje debían de ser muchos. Acumular conocimientos de casi todo le convirtió en un personaje de gatillo fácil en las discusiones banales, alguien que se enfurecía si le llevaban la contraria. Al final de su vida, con una relación ciertamente neurótica con el conocimiento, escribió una serie de cartas a su sobrino con el fin de sintetizar toda su experiencia intelectual en esta vida.

El libro no llegó a estar a la venta, pero tardó diez años en escribirlo y se llevó a imprimir a Gibraltar para eludir la censura, aunque no hizo falta: las copias se quedaron en cajas precintadas en su finca. Actualmente, existen pocos ejemplares, pero uno está en la Biblioteca Nacional de Madrid y se puede consultar. Su estructura caótica y reiterativa delata que la cordura del escritor estaba algo dañada. Una y otra vez conduce a lo mismo, a su odio a la religión. Eso es algo que le distingue de la inmensa mayoría de la clase de la que formó parte. Pero también hay una especial insistencia en conceptos eugenésicos, al estilo de Vallejo-Nájera, acompañados por unos estudios de mucha más amplitud que los del célebre psiquiatra. Una teoría que pergeñó con disidencias, rechazando de plano toda la historiografía franquista que glorificaba a los Reyes Católicos. Él no los podía ni ver, eran el principio del fin de su mundo, de su pasado edénico o arcadia perdida donde señoreaba la aristocracia.

En una de sus primeras contradicciones, se queja de lo que ha ayudado a construir, una dictadura que no permite la autonomía política del ciudadano, «la opinión pública patria, siempre timorata y que se vende a los vientos que prevalecen sobre todo cuando el fuelle lo sopla un poder despótico». El reaccionario nostálgico de aristocracias medievales tiene valor de quejarse de que el pueblo español se oponga a la innovación. Atribuye la decadencia de la civilización a la profusión de «frases altisonantes de filantropía y barata sensiblería» que conduciría a la desaparición de la humanidad como lo hizo la fauna prehistórica. ¿Culpables? Los curas, «las iglesias y sus sacerdocios, envueltos en la común corriente, predican lo que no practican y su sola preocupación es la de sus bienes materiales, cuya adquisición justifican con argumentos tan hueros como las fes que sustentan», y el comunismo, que «es lo que las gentes llaman totalitarismo y doctrinas socialistas. La calle se cree que todos estos ismos son alguna novedad de progreso cuando no son otra cosa que tiranías, despotismos y oligarquías con caretas adecuadas al momento, soluciones simplistas del arbitrista que a cambio de la libertad ofrece seguridad, como si la libertad tuviera precio y la seguridad no fuera una vana esperanza». Pero tampoco le convencen las democracias, «naciones sin castas directoras, conducidas por las mediocridades demagógicas que solo halagan las pasiones y bajos instintos de las muchedumbres, marchan irremisiblemente al término de su ciclo», lo que hacía tentadora la táctica del avestruz, «parece como si lo único que cabe al hombre discreto es hacerse anacoreta en sitio inasequible como en circunstancias parecidas hicieron aquellos menguados, que por no hacer frente a la vida se escondieron en cuevas y desiertos», pero advierte de que el escapismo y la inacción son cobardías disfrazadas de santidad, por lo que hacía falta asumir responsabilidades y compromiso ético. El autoengaño por comodidad no conduce a nada. El fin último de la vida era perpetuar la especie y, al cumplir con el deber, se sentía algo parecido a la felicidad, una sensación muy distinta a buscar la felicidad exprofeso.

Él mismo explica el corpus teórico del Movimiento Nacional, «los dogmáticos, cuanto más en vano pisan, cuanto más débiles son sus apoyos y cuanto más incierta es la verdad que sustentan, más violentos serán sus medios de represión», pero la invectiva más profunda la destina a la religión, al papel de Dios como un «nigromante con varita mágica», una concepción que emparenta a los creyentes con genuinos trogloditas, «estas maneras de imaginarse a Dios no son otra cosa que resabios heredados del ignorante salvaje antecesor, cuya rudeza de vida cavernaria se reflejaba en conceptos bestiales que atribuía a su hacedor, semejantes a los propios, a lo que él haría si se viera investido de omnímodo poder».

Muchas de sus observaciones parecen propias de la era de la Ilustración o del liberalismo español decimonónico, pero en los años cincuenta del siglo pasado no entrañaba un hallazgo espectacular. Son más originales sus comparaciones del comunismo con el cristianismo romano, no solo por su base ética, sino por su intolerancia frente a otros credos: «Si ahora nos parece monstruoso que los estados comunistas transformen a todo ciudadano en un delator potencial y esto lo lleven al extremo de incitar y exigir que los hijos acusen a los padres y los padres a los hijos, no sé por qué el procedimiento ha de causar asombro y repugnante espanto en los católicos cristianos ya que en los edictos de fe inquisitoriales no otra cosa se promulgaba y exigía y se practicaba».

En la tercera y cuarta parte del libro enfrenta a la religión con la ciencia. Para empezar, echa mano de otra de sus obsesiones más recurrentes, los toros. «Es del todo incomprensible que los principios cristianos del español puedan sin pecado contemplar el espectáculo de los toros en el que el sufrimiento de una criatura de Dios sirve para el solaz de los fieles y correligionarios de San Francisco de Asís». En el ejemplar de la Biblioteca Nacional, una nota al pie escrita a máquina, suponemos que por él, recuerda que la Santa Sede tiene varios dictámenes condenatorios sobre la materia, pero «no sabemos cómo ahora lo pueden sofistear los obispos que hacen la vista gorda y los beatos y ganaderos. Y no digamos nada del papa Pío XII, el Pastor Angelicus, aceptando un capote torero de pase, suponemos que para torear de salón en los jardines de Castelgandolfo». Más adelante, sentencia: «Lo que yo ya no sé es si esta mayor crueldad es consecuencia del cristianismo o el cristianismo es resultado de una innata crueldad».

Con frecuencia incluye conversaciones con un sacerdote conocido suyo. Son curiosos sus desencuentros, tanto por los empeños estériles de querer hacer entrar en razón a un hombre de fe —lo que conlleva cierta ingenuidad—, como por la parte del cura, que hace gala de ese escepticismo reconocible en religiosos de cierta edad que acaban sosteniendo su fe con pragmatismo. Este es el fragmento más significativo de sus pesquisas:

> Ayer me dijo mi amigo erudito sacerdote, que además es buena persona y como todos se deja convidar, que no tengo salvación. Yo le instaba a que procurase convertirme porque nadie estaba más presto a dejarse convencer si sus razones hacían mella en mi pobre intelecto que procuraba ser honrado

en la equidad de sus juicios, porque no solo en mi caso sino en todo convertido al fin y al cabo es el juicio el que determina, si las razones le parecen suficientes. Mi buen añoso amigo a esto decía que su larga experiencia le tenía enseñado que a los sujetos endurecidos por la soberbia y orgullo que trae consigo el creerse poseedores de algunos míseros conocimientos les estaban vedadas las mercedes de la gracia y de la fe, añadiendo que con esto perdían los beneficios de la tranquilidad de espíritu que en este valle de lágrimas era un positivo bien material.

La mayor parte del mundo está regida por un sistema político centralista, propio de Stalin, los rajás de la India o la Iglesia católica, explica el grafómano furioso. Es esta la forma de organización más adecuada para «las razas inferiores». «Cuando por las circunstancias, sean estas las que fueren, las poblaciones están reducidas a un *aborgotamiento* mental, carentes de virtud y, aunque prolíficas, de escasas condiciones físicas, si bien lo último no es siempre así y también la torpeza y flojedad de entendimiento esté suplida que tanto han a veces por una degenerada hiperestesia de agudeza ratonil o vulperina, fácil de palabra y pronta a la mentira y alevosa traición; cuando sean estas las características predominantes en el factor humano de la sociedad, el único régimen capaz de impedir el caos anárquico será un centralismo despiadado y no otro merecen ni serán capaces por sí solos de erigir, los que no siendo bárbaros, tal sistema sufran por preferir las fáciles aunque siempre escasas y monótonas ollas de una bazofia de servidumbre a la problemática pero fructífera existencia del hombre libre».

Por contraste, entre el Báltico y el Elba, el Danubio y el Rin, y en las costas e islas de Escandinavia, reside el superhombre que aprendió a sobrevivir en el frío: «La selección natural obró a sus anchas y de gentes así criadas entre hielos y aguas se produjo un hombre con la tendencia a bastarse a sí mismo y las consiguientes características de independencia y libertad». Así nace Occidente, los héroes, luego las ciencias y la especulación filosófica sin trabas; la buena, no como las llegadas del Este, «el quietismo, las filosofías letárgicas de Oriente y el fatalismo enervador no tienen cabida en las gentes de empresa más que cuando decaen sus energías por desgaste o degeneración».

Eso sí, la democracia —prosigue Aguilera siempre insatisfecho— no es propia de ese hombre libre e independiente occidental, sino que es síntoma de su degeneración.

En la sexta carta, Aguilera salta con naturalidad de las teorías racistas a las pseudociencias sexuales y de nuevo —no lo puede evitar— dispara contra la Iglesia, llamando «eunocoides» a los padres de la religión católica. Según su teoría, las personas con anomalías fisiológicas tienden a buscar refugio en la vida religiosa o en la especulación metafísica: «Tanto el eunocoide como la machorra son en lo biológico callejones sin salida y su criterio, influenciado por su asexualidad, hay que tomarlo con toda prevención cuando estos anormales pretenden dar directivas a los demás porque su carencia de ciertas realidades puede conducir a las gentes a desastrosos resultados». La verdad es que hay frases y conceptos del conde con los que no se puede evitar soltar una carcajada, como cuando atribuye la obsesión sexual de los sacerdotes a su «ánimo esmegmático».

Este drama se acentúa en el universo latino o sur de Europa. «En mis andanzas por estos mundos he podido observar, creo que atinadamente, cómo la franja de paralelos a lo largo de las riberas mediterráneas determina en lo humano, por las razones que sean, una acentuación de las diferencias sexuales que se atenúan según se va hacia el norte o hacia el ecuador de la banda comprendida, *grosso modo*, entre los paralelos 35 y 45. (...) Esa banda geográfica es además en la que se acentúan los comienzos de una variante en la pigmentación hacia lo moreno con un probable nexo entre las características sexuales y las de color en transición».

En este espacio, la profusión de «profetas», «santones» y «exaltados» es mucho más fecunda que en cualquier otro lugar del mundo por esa cuestión sexual un tanto confusa, y todos ellos, «tipos de individuos con aberraciones fisiológicas en su composición y con gran variedad en la graduación y las formas de que toda anormalidad es susceptible», van de cabeza al sacerdocio. Y es algo visible, seguía el conde, en su «peculiar vestimenta haldeada y adornos con bordados y puntillas». «Con estas características o los estigmas anteriores en verdad que el meterse a cura es una vergüenza y para que a tal se le señale con el dedo. Por eso la turbamulta acéfala que solo obra por instintos, en cuanto se aflojan las restricciones sociales y el motín se apodera de la calle, su certera inclinación le induce a quemar iglesias y matar clérigos». No hace falta ser un genio para entender que este libro, en cuanto hubiera entrado en el circuito comercial, habría sido prohibido inmediatamente.

En el caso de las monjas, teoriza Aguilar, se atrae a chicas jóvenes estimulando su vanidad de haber sido elegidas por el señor. Se inutiliza su personalidad para la vida exterior, y de una mujer sana se obtiene una persona inválida y abyecta: «Las consecuencias del severo régimen y la constante represión e inhibición de todo estímulo natural produce en el ser más equilibrado una anormalidad fisiológica y los consiguientes estados mentales, por lo que en el curso de pocos años con las atrofias consecuentes, la mente más equilibrada se convierte en un ser infrahumano inadecuado para la convivencia y nefasto para la pedagogía».

En una nota escrita a máquina que hay en el ejemplar de la Biblioteca Nacional, el conde añade que la atracción conventual está acentuada por un «estímulo sexual disfrazado» que denomina «erotismo místico». Es decir, la vocación religiosa femenina sería una sublimación del deseo sexual. Las monjas, por represión o frustración, canalizarían sus impulsos sexuales bajo la forma de fervor religioso.

«Para nadie es un secreto que la mujer que llega a los treinta años con una intacta virginidad a su pesar, es con frecuencia un infierno familiar» y «para tranquilidad de todos están mucho mejor detrás de unas rejas de clausura». Ahí dentro, entretenidas con los bordados, la oración y la elaboración de dulces no son capaces de «envenenar domesticidades ajenas». Dice el conde que puede llegar a entender las virtudes de razonamiento, pero lo que no tiene ningún sentido es el «disparate» de entregarles la educación de la niñez. Lo que vería lógico, escribe con sarcasmo, es que se ocuparan del servicio doméstico de los demás, ahí podrían demostrar toda su paciencia y dulzura con la que quieren llegar al cielo. Algo mucho más productivo, aunque deja caer que incluso hay un nivel más, que no se atreve a sugerirlo, pero ahí está el ejemplo: se trata de la famosa dama musulmana Nefissa, que cuenta con un monumento en El Cairo, a la que se tenía por santa por «dedicar su vida a la prostitución gratuita por amor a Dios, ofrendando su cuerpo a los necesitados». Hoy, esto, como monólogo, se las vería con Abogados Cristianos.

Y de pronto, nos volvemos a encontrar con su fetiche: las alcantarillas. Desde un darwinismo radical, explica que la naturaleza no es benevolente ni justa, sino fría y utilitaria. La vida es dura, pero no por ninguna maldad, sino porque es una selección implacable. En estas circunstancias, dos fuerzas moldean el comportamiento humano: El miedo como instinto de supervivencia ante el peligro, y el amor como atracción, vínculo, impulso reproductivo y cuidado. De ambas, el amor es lo más costoso en términos evolutivos: requiere energía, inversión emocional, vulnerabilidad, tiempo, etc. Pero es eficaz para unir parejas, proteger a las crías y generar cooperación. En cambio, ¿qué está acabando con el amor en nuestras sociedades? Lo han adivinado, las alcantarillas: «la intensidad del amor en todas sus manifestaciones es inversamente proporcional a la profilaxis antiséptica del ambiente y disminuye a medida que aumentan las alcantarillas, los antibióticos y los cuartos de baño».

Así llegamos a una encendida defensa del cinturón de castidad desde un enfoque científico, de rigor un tanto laxo, pero con aspiración a ley biológica: «El cinturón de castidad medieval no era un capricho gratuito de vanidad posesoria masculina, porque la degeneración se insinúa por la soltura sexual. La promiscuidad de la mujer produce desarreglos celulares reflejados en el mejor caso por la esterilidad y en el peor por los disturbios *hormónicos* de la prole manifestados en predisposición cancerosa, tendencias invertidas del impulso sexual, desequilibrio mental y, en sus más leves consecuencias, pigmentación anormal de los tejidos». Todo cobraría sentido por otra verdad axiomática: «El cornudo es un peligro para la sociedad». Y más aún la mujer «de ligera virtud», por una teoría sobre todo curiosa: «La absorción vaginal de poderosas hormonas seminales, activada por la hialuronidasa testicular, produce en la economía constitucional de la virgen una profunda alteración en la íntima estructura celular».

En la séptima carta, dedicada al cristianismo, del que no ha parado de hablar, las reiteraciones empiezan a ser cansinas. La doctrina cristiana es comunista y los comunismos arraigan más en los países ultracristianos. Si la Iglesia se opone con tanta fuerza al comunismo es por el narcisismo de las pequeñas diferencias, «su *similaridad* les crea la hostilidad de la competencia». Los curas son «enemigos del trabajo, egoístas, vanidosos…» y venden «propaganda esotérica», cuando la ciencia seguro que ya está resucitando más muertos que en el milagro de Lázaro, mientras que lo de Santa Teresa eran «ejercicios yoguísticos» debido a algún problema mental, ya que «en estados anormales no es extraño que haya visiones anormales, no porque el borracho vea sapos y culebras vamos a decir que es una forma de éxtasis ni que ve visiones del cielo».

En las cartas octava y novena, compara el catolicismo con otras religiones y en la décima, por fin, cambia de tercio y pasa a hablar de Historia, un ámbito donde tampoco deja de meterse en jardines con el régimen. Interpretaba la Reconquista no como una liberación, sino como una invasión lenta de pueblos germánicos que impusieron un sistema político de raíz germana hasta formar una casta dirigente que no tenía conexión ni étnica ni cultural con los iberos, un pueblo sumiso siempre dispuesto a servir a nuevos amos.

En España, denuncia, la Historia se enseña como un cuento tergiversado, como una sucesión de «reyes de la baraja». La gran tragedia, sentencia, ha sido el mestizaje degenerado entre la nobleza germánica y la población ibérica potenciada por el cristianismo. Y, después de la tragedia, la hecatombe llegó con los Reyes Católicos, que destruyeron el modelo descentralizado germánico, realmente democrático a juicio de Aguilera, y que caracterizó los primeros siglos de Castilla. Pese a sus puntos de vista claramente eugenésicos, también critica la expulsión de judíos y musulmanes por responder a razones políticas, especialmente los perniciosos deseos homogeneizadores de la religión católica. Y cuando el pueblo mezclado había entrado en degradación, solo era viable un gobierno despótico: «Con gente así solo cabe el centralismo despiadado de que hemos hecho mención y su tendencia es el fondo de las discordias civiles en España».

A Isabel la Católica, figura casi divina para el régimen franquista, le dedica algunas de sus coces más furiosas: culpable de su enfermiza descendencia, los Austrias, «una dinastía maloliente, supurosa, epiléptica y con la esquizofrenia heredada de la infausta Isabel», y se mofa de que se la considere creadora de la unidad de España, cuando el proyecto bueno, advierte el conde, era el del Marqués de Villena de unir Castilla con Portugal, no con Aragón. Solo así se podrían haber evitado las calamidades venideras, que se agravaron con los Borbones. Lo sabía hasta el consorte: «Don Fernando el pobre debía de estar harto del marimacho de su mujer tras cuyo fallecimiento se lanzó desesperado a unas nuevas nupcias para intentar procrear un heredero fisiológicamente decente para su reino de Aragón».

En la undécima carta, sigue el toma y daca con los Austrias, que llevó al Estado a depender de «monjas visionarias» y eliminó cualquier posibilidad de solución racional a los problemas de la nación. La consumación de la destrucción de Castilla por parte de Isabel, que había acabado con el castellanismo, es decir, la hidalguía, para instaurar un totalitarismo regio. Todo por dejar que una mujer tomara el mando: «Las haldas nunca pueden ser grandes estadistas porque cuando poseen esas cualidades de dominio siempre encierran un no sé qué de maldad inherente a su aberración sexual».

Con los Borbones, el problema empeoró porque se aliaron con la «burguesía corrupta» para destruir lo que quedaba del orden tradicional. Si quedó un último resquicio de ética en la nación, opina, fue el carlismo, aunque tampoco lo entiende, porque las leyes sálicas eran contrarias también a la tradición castellana.

Finalmente, en la duodécima carta, por si alguien se ha perdido en el resto del libro, ataca con una enumeración de certezas: el ser humano es imbécil y por eso sigue creyendo en lo inverosímil. La raza hidalga española fue la cumbre de la evolución humana, pero Isabel la Católica la destruyó. La España en la que él vive en el momento de escribir aquellas líneas, la de los cincuenta, es un país desprestigiado políticamente donde el heroísmo es solo un recuerdo del pasado. La religión, el arte, la ciencia y la vida cotidiana se caracterizan por su falsedad.

Como consejo final, el conde le recomienda a su sobrino cuidarse de la mujer, un obstáculo para el pensamiento complejo, con tendencias «amébicas» y «pasivas». Y la obra concluía en mayúsculas con un lema en latín pergeñado por el autor, que al menos invita a acabar este impresionante volumen con una sonora carcajada: «INQUIETUS EST ET MAGNA MOLIENS HISPANORUM ANIMUS» que traduce a continuación: «Inquieto y de magnos arrestos es el ánimo español».

Los historiadores consideran que las opiniones brutalmente antirreligiosas de Aguilera son una consecuencia lógica de alguien educado en el extranjero y que, al regresar a España, pudo sentirse impresionado por el clericalismo que se respiraba, sobre todo en su clase social. Pero no hay que engañarse con magnos arrestos, como él mismo decía. La que aplicaba al estudio de la Historia, Biología y Filosofía era una teoría tan inductiva como la religiosa.

El conde se consideraba miembro de una raza superior por ascendencia aristocrática. Quizá esta idea se incrustó en su cabeza de forma enfermiza por el citado problema que tuvo su madre, o tal vez fuera simplemente una posición cómoda y narcisista desde la que posicionarse frente al mundo. Su pensamiento cae en los mismos esquemas de cualquier religión o nacionalismo. Todo puede resumirse en un ansía de restauración edénica en la que los seres humanos más capaces sobre la Tierra —según su delirante razonamiento pseudocientífico— gobiernen los destinos de España para situarla a la vanguardia de todo el planeta. Casualmente, él venía de esa estirpe.

7.
EL FILICIDA

En 1964, Gonzalo Aguilera Munro asesinó a sus dos hijos. Este suceso marcaría definitivamente su trayectoria y serviría para jalonar las declaraciones que había hecho durante la guerra con una muestra más de su perfidia. Sin embargo, no podemos tratar estos últimos actos como los de una persona en plena posesión de sus facultades mentales.

Dos años antes del crimen, en 1962, le visitaron dos arrendatarios de una de sus fincas. Tuvieron que acudir en persona porque le habían escrito y nunca les contestó. Vamos, lo habitual. Mientras le esperaban en un salón, apareció de repente gritando «¡Yo no he escrito, porque yo no contesto a nadie!». Los dos agricultores, asustados, pensaron en irse, pero les persuadió. Les hizo sentarse y les estuvo hablando durante varias horas saltando de un tema a otro, más o menos como en su obra destripada en el capítulo anterior. Solo paraba de hablar para toser por su enfisema o para comer avena con leche. La charla pasó de un relato sobre su entrada en Santander a sus problemas con la religión. Cuando por fin dejó que se fueran, escribe Preston, «se marcharon convencidos de que habían estado en presencia de un loco de atar».

En 1963, el cuadro había ido a peor. Amenazaba a su familia con suicidarse y tenía en el punto de mira de sus invectivas a su mujer, Magdalena, que acabó pidiendo ayuda a sus hijos preocupada por lo que pudiera pasarle. Y no era la primera vez. Antes, cuando el conde solo salía de su encierro en sí mismo para ligar, la mujer temió que el día menos pensado pudiera acabar de patitas en la calle. Como ella gestionaba las fincas, empezó a desviar fondos para ahorrar un dinero con el que poder salir adelante si se producía ese desenlace. Para ello, contaba con la ayuda de su hijo Agustín, con quien estableció negocios paralelos. Este tipo de alianzas eran normales porque la relación con sus hijos nunca fue buena. Como habían hecho su padre y él mismo, las decisiones vitales que tomaron sus hijos no estaban alineadas con lo que se esperaba de unos aristócratas. Le decepcionaron, igual que él y su padre habían decepcionado a sus familiares. Tampoco aprobó a sus parejas, motivo por el cual uno se fue a vivir a Lugo y otro a Majarromaque, un pueblo cercano a Jerez de la Frontera.

Pero cuando Magdalena pidió su protección, ambos acudieron. En aquel momento había paralizado cualquier tipo de gestión de las fincas, estaba completamente paranoico, no permitía que nadie tocase ningún papel ni tomase ninguna decisión sin su consentimiento, lo que había derivado en un abandono de absolutamente todo, incluso de sus aposentos, donde las paredes estaban desconchadas y se convivía con un desorden lamentable.

Sus hijos tuvieron que dividir la casa en dos. Una para ellos y otra para su padre, que comía solo y se pasaba el día con sus libros y manías, pero empeorado y con las piernas inflamadas por sus problemas de circulación. El día a día era un viacrucis: insultos, arrebatos de ira; una cotidianeidad insoportable, aunque no era del todo nueva. Diez años antes, Aguilera se peleó con su hijo Agustín por una motocicleta y le lanzó un hacha, agresión que el joven devolvió tirándole un martillo, a lo que el mayor, Zalo, sacó la pistola para proteger a su padre. La violencia era recurrente en la familia. Los dos hermanos muchas veces se habían enfrentado con cuchillos jamoneros o se enfrentaban con armas de fuego.

En vista de que la situación estaba abocada a un callejón sin salida, Agustín y Magdalena propusieron solicitar la incapacidad jurídica del conde. Pero su mujer cometió un error que pudo ser fatal: se lo comentó. Cuando se presentaron los doctores en la finca para realizar los exámenes pertinentes, les encaró diciéndoles que los locos eran ellos. El diagnóstico, sin embargo, fue «delirios paranoides». Uno de los psiquiatras era José Fermín Prieto Aguirre, discípulo de Vallejo-Nájera, que propuso una medicación para que pudiera controlar los arrebatos.

Las pastillas no le hicieron mejorar. Al contrario, el conde aumentó su paranoia. Escribió una carta al Juzgado denunciando que le habían secuestrado. La Guardia Civil, a la vista de la situación, propuso precintar el armero y retirar las armas de fuego de la casa. Le requisaron escopetas, rifles y su pistola reglamentaria, pero Aguilera, astuto pese a su estado, guardó su primer revólver de la guerra de Marruecos.

El día del cumpleaños de Agustín, este se adentró en la mitad de la casa reservada a su padre a buscar un papel. Aquí Preston cuenta que el conde se quejó de que le dolían los pies y que su hijo se agachó para masajeárselos, lo que pudo recordarle a una de sus obsesiones, los limpiabotas. Arias, en cambio, postula que en cuanto vio a Agustín trastear entre sus papeles, le dio un ataque de ira y se puso a insultar a su hijo. Sea como fuere, sacó su revólver y le metió un tiro en el pecho que le atravesó el corazón. Su hijo, pese a la herida mortal, pudo salir de la habitación y echar a andar por el pasillo con su padre detrás, que pretendía rematarlo.

Cuando Magdalena les vio, pudo esconderse en otro dormitorio, cerrar con llave y salir por la ventana hasta el patio, donde se encontró con Zalo. Le pidió desesperada que entrase, lo que hizo y, en cuanto se cruzó con él, le metió dos tiros. Uno en el pecho y otro en el brazo. Un empleado de la finca pudo oír a Zalo decir «¡Ay,

Dios mío, que me ha matado!». Este hombre, con cautela, se acercó y le preguntó qué había hecho, a lo que el conde contestó: «Maté a Agustín porque no es hijo mío y en cuanto a Gonzalo... si no le mato a él, él me hubiera matado a mí».

Horas después, llegó la Guardia Civil y el conde depuso su actitud. Magdalena, fuera de sí, cuando le vio sentado tranquilamente en pijama esperando al juez, pidió a los agentes: «¡Matadlo, que es un salvaje!». La mujer sufrió un ataque de nervios mientras el conde recogía su dentadura postiza para irse detenido.

El conde estuvo hablando durante todo el camino con los guardias, criticando a sus hijos por lo abandonada que tenían la finca, por detalles que se iban viendo por el camino, y luego le preguntó al chófer «¿Cómo ha quedado el Betis?». Añadió: «Hablo para no acordarme de lo que ha sucedido». Para su desgracia, no le llevaron a la cárcel, sino al psiquiátrico.

La censura del Régimen no le dio mucha cancha a la noticia. Era un suceso execrable, especialmente perpetrado por un aristócrata, y la noticia se escondió en los breves de los medios nacionales. Solo *El Caso* y la prensa local le dedicaron la portada. En *La Gaceta Regional* se puede ver una fotografía del conde detenido, con su pijama y la cara desencajada, no en muy buen estado.

En el psiquiátrico, el conde le decía a las monjas que se le aparecía Satanás por las noches y que quería hablar con Dios. Arias no es capaz de asegurar si fue una conversión súbita en el último momento de su vida o que les estaba vacilando. Se sabe que su antiguo jefe en la Oficina de Prensa, Luis Bolín, le escribió una carta dándole ánimos, pero no estuvo mucho tiempo interno. Pronto dejó de tomar su medicación y falleció el 15 de mayo de 1965 por un fallo cardiorrespiratorio. El único objeto personal que había introducido en su celda fue una foto de Magdalena cuando era joven.

Solo cinco personas asistieron a su entierro. Hasta costó convencer al capellán del cementerio para que pronunciara unas oraciones.

8.
EL CONDE EN EL DIVÁN

La historia del capitán Aguilera, además de *papers*, varias menciones y un generoso capítulo en las obras de Paul Preston, una enorme biografía de Luis Arias González y cientos de internautas que colocan sus palabras en las redes de forma rutinaria; también llamó la atención de Arturo Ezquerro, psiquiatra y profesor en el Institute of Group Analysis de Londres, que le dedicó un artículo científico[40] tratando de establecer un perfil patológico del personaje —no un diagnóstico—, o de, en resumidas cuentas, responder a la pregunta inevitable: ¿estaba loco? Es tentador decir que no, que los que llevaron a cabo el 18 de julio estaban cortados por este patrón, pero los filicidios generalmente están relacionados con trastornos mentales, problemas sociales (violencia doméstica, pobreza) o por factores culturales, como los crímenes de honor.

[40] Ezquerro, Arturo, «Captain Aguilera and filicide: an attachment-based exploration», *Attachment New Directions in Psychotherapy and Relational Psychoanalysis*, Vol. 15, Diciembre de 2021, pp. 279-297.

En los apuntes de Ezquerro se destaca que Aguilera tuvo que verse marcado por el rechazo del grupo familiar aristocrático paterno; interiorizó la vergüenza de su madre y, al mismo tiempo, sintió un marcado y desmedido sentido de privilegio. Sus años duros en el internado también pudieron cultivar en él una sensación de abandono por parte de sus padres. En esa situación, tuvo que desarrollar «patrones de apego inseguros» con ambos padres. Mientras su padre fue «predominante evitativo», con su madre tenía un apego «ansioso-ambivalente».

Preguntado el doctor Ezquerro sobre este particular, contesta amablemente que hay que entender esa situación dentro de los códigos morales de ese tiempo: «En aquella época había un gran rechazo social a los llamados "hijos ilegítimos". Gonzalo de Aguilera sufrió un doble rechazo: por ser "hijo ilegítimo" y por tener una madre que no pertenecía a la clase aristocrática. Aunque de niño Aguilera no era consciente de que su madre quiso desarrollar una "identidad aristocrática" que no se correspondía con sus orígenes humildes, es plausible que él absorbiese a nivel subconsciente esa dinámica en parte ficticia. El vínculo afectivo con su madre fue más cercano que el que tuvo con su padre, pero estuvo caracterizado por una ambivalencia significativa».

El psiquiatra, para que nos hagamos una idea de la dimensión de lo que supone ese tipo de escolarización en un crío, cita a Graham Greene, que dijo: «La infelicidad en un niño [interno] se acumula porque no ve el final del túnel oscuro. Las trece semanas de un trimestre bien podrían ser trece años». Al regresar, su vida fue «perezosa e improductiva» y, cuando se decidió a hacer algo, su autoestima se vio minada por los resultados mediocres en la Academia de Caballería de Valladolid, por donde también había pasado su padre con un saldo igual de lamentable: último de su promoción.

Otro detalle importante es que no pudo establecer una relación de apego significativa con su hijo Zalo. No solo era un niño no deseado, sino que además vino al mundo cuando él estaba en la Gran Guerra, lo vio por primera vez cuando ya tenía un año. Nunca mostró signos de quererlo realmente, repitió el mismo patrón que había recibido de su padre. Con su mujer se comportaba igual que con su madre: la humillaba por pertenecer a una clase social inferior, pero al mismo tiempo buscaba en ella validación y apoyo emocional. Por el contrario, durante la Guerra Civil pudo «experimentar transitoriamente» un sentido de pertenencia como miembro «pleno» de un grupo. Según nos explica el doctor: «En la Guerra Civil, a nivel superficial, Aguilera se sintió poderoso porque se convirtió en el censor de los periodistas extranjeros, y estableció un apego grupal con elementos del ejército franquista».

Había crecido con una «imagen falsa de sí mismo» para impresionar a los que le rodeaban después de recibir «experiencias de apego desorganizadas y desorganizadoras», lo que está vinculado significativamente a la psicosis. Sus estallidos de carácter pudieron estar vinculados a lo que se conoce como «ira de la desesperación». Aquí, Ezquerra aclara: «Los procesos de formación de la identidad son complejos. Es normal que uno quiera causar una buena impresión y a veces desarrolle caras adicionales o "máscaras", que pueden ser reflejo de roles que nos toca desempeñar. Estas dinámicas no tienen que ser consideradas necesariamente como patológicas; la identidad no es algo estático sino revisable y cambiante. En el caso de Aguilera, estos procesos traspasaron el umbral de lo saludable y se convirtieron en destructivos».

En este punto, es importante tener presente el Desastre del 98, indigerible para muchos españoles, que pasaron a la búsqueda de culpables en un ejercicio cotidiano de resentimiento. La furia de estos sectores se desató contra los movimientos obreros, en estado de ebullición en los albores del siglo XX y los pueblos coloniales. Además, como hipótesis, Ezquerro cree que Aguilera pudo estar expuesto durante su estancia en Gran Bretaña a las ideas de la revista *Rule Britania*, donde se presentaba a los extranjeros como afeminados, falsos e inmorales. Esa mentalidad había sido responsable de numerosas atrocidades contra población civil en conflictos como el de Los Boers en Sudáfrica o el de los alemanes en Namibia.

Cuando, tras la guerra, se recluyó en la finca, este psiquiatra cree que «más que una huida, lo que intentó fue buscar refugio en sus conocimientos, pero fue insuficiente, dada su psicopatología y la ausencia de apegos suficientemente sanos en su vida». Cuando su salud mental empezó a dar señales de declive, las charlas intempestivas que podía meter se podrían enmarcar en los síntomas típicos de un discurso maníaco o hipomaníaco, como «discurso desorganizado» o «fuga de ideas», frecuentes en pacientes con paranoia, asegura Ezquerro. El aislamiento conduce al deterioro de la salud mental. En los últimos días de su vida, antes de cometer el filicidio, la hipótesis de Ezquerro es que pudo sentir la pérdida de su figura de apego, Magdalena, y con ella toda base emocional segura. La llegada de sus dos hijos a la finca para protegerla, además, pudo hacerle sentir «desplazamiento», como cuando su hermana vino al mundo. Y eso lleva a una conclusión conocida pero no menos dura: «El dolor del abandono, la ira de los celos y la vergüenza de percibirse como un don nadie se entremezclaban. Cualquiera de estos tres factores por separado puede ser una fuente muy peligrosa de violencia; su combinación puede resultar letal. Para muchos asesinos, es mejor ser malo que no ser nada; así pueden convertirse en alguien a los ojos del mundo».

9.
HABRÍA SIDO UN GRAN TUITERO

En mi familia siempre se ha contado una historia como si fuese graciosa. A un antepasado, pariente de segundo o tercer grado, le habían fusilado dos veces en la guerra. Era una anécdota que podría haberla contado Gila. Se supone que le cogieron por la noche, como a tantos otros, y le fusilaron en la era. No acertaron, por lo que sobrevivió. Entonces, él habría ido al cuartel de la Guardia Civil a denunciar que le habían intentado fusilar, con la mala suerte de que los agentes le fusilaron otra vez ahí mismo, esta vez con éxito.

A mí, conforme mis conocimientos sobre la guerra iban aumentando, la historia no me cuadraba. Investigué en la medida de mis posibilidades y tuve la suerte de dar con un testimonio que matizaba la chanza considerablemente. Resulta que sí que le habían cogido por la noche, sí que le habían fusilado en la era y sí que había sobrevivido. Pero después lo que ocurrió fue que un labriego le ayudó y le dio los cuidados que pudo. Nuestro pariente le pidió que avisase al médico de la familia, de su confianza, y este acudió, pero para a continuación denunciarlo. Y ahí sí, le cogió la Guardia Civil otra vez y lo fusiló definitivamente. Parece que el médico aprovechó para robarle unas monedas antiguas de gran valor que había tenido toda la vida.

Cuando descubrí esta versión, corrí a contársela a mi familia. Pensé que iban a alucinar, pero no mostraron el más mínimo interés. Es más, insistieron en que la historia que ellos conocían —y en la que querían seguir creyendo— era distinta.

En el pueblo del que procede esta rama de mi familia, los que «desaparecieron» eran vecinos, todos se conocían, y continuaron con sus vidas. Nunca vi que existieran tensiones. Hay gente que tenía carnés de Falange de numeración muy baja considerados muy buenas personas, con gran reputación, pero que para cualquiera que sepa cómo transcurrió el 18 de julio, su militancia es un cante. Es extremadamente difícil que en Castilla no tomaran parte en ejecuciones irregulares directa o indirectamente. Pero el silencio, el disimulo y el desinterés ha sido la tónica muchos años, incluso cuando ya no había ningún peligro. Sin duda, en esa persistencia del silencio, en esa gente que prefiere no saber y esa otra que no dice lo que sabe, hay algo que no entiendo. Y por eso no juzgo. Hacerlo me parecería un ejercicio de moralismo que incluso puede llegar a ser hasta oportunista. Creo que siempre hay que tener presente que «arrieritos somos». Otra cosa es lo que le ha sucedido a tantos historiadores que han querido poner esa represión en negro sobre blanco, yendo al detalle, y han recibido denuncias surrealistas. Dionisio Pereira, Fernando Mikelarena, Juan Antonio Ríos Carratalá... la lista no es precisamente corta y se extiende por toda la geografía española.

No obstante ¿podríamos incluir a Aguilera Munro en ese mar de silencio? Creo que ni de casualidad. El capitán no tuvo los instintos asesinos de muchos de sus camaradas, pero, aunque no tomase parte en las noches de paseíllos —que se sepa—, sí trabajó de forma entregada para que no trascendieran esos crímenes. No se puede ocultar lo que no se sabe que existe, y él fue una pieza más de esa maquinaria. Sus famosas palabras, las barrabasadas que dijo delante de los periodistas, quizá con ánimo de epatar, de provocar o simplemente de sorprender, de llamar la atención, se podrían desvincular magnánimamente de la premeditación, organización y puesta en marcha de los asesinatos. Sin embargo, no del pleno conocimiento de lo que estaba pasando. Es más, su forma de explicarlo en tono hiperbólico pone de manifiesto que no podía digerir la situación de forma racional.

Caso aparte fue la guerra en sí. Ahí se mostró como un hombre de hielo. Seguramente trajese muy bien aprendido y asimilado de África el poco valor que tiene la vida en el frente. No solo ante el enemigo, también en los asuntos de retaguardia, como el trato a los prisioneros. Al corresponsal Edmund Taylor, al principio de la guerra, le dijo esto[41] sobre ellos: «valían la pena porque les podías interrogar y ahorrabas munición, pero no valía la pena mantenerlos con vida y por eso no se mantenían». No era un ser de luz inocente ni pasó por la guerra sin que le manchase.

Después de 1939, e incluso antes, sabemos que Aguilera nunca estuvo a gusto con el Régimen. Primero, no era nazi, sino más bien anglófilo. Pero cuando Franco reculó muy bien aconsejado, entre otros, por Carrero Blanco, y no se produjo una restauración monárquica, también se sintió al margen. Su feroz anticlericalismo y ateísmo le podrían incluso situar en la disidencia, pero los incidentes que tuvo, más que a la subversión, se debieron a su temeridad. Nada que ver con aquellos intelectuales disconformes —retratados por Jordi Gracia en *La resistencia silenciosa*—, que no rompieron con el régimen pero sí cuestionaron sus verdades inmutables. La obra escrita de Aguilera, en lo esencial, era más involucionista que la propia dictadura.

No hay en sus escritos ni rastro de conmoción por el shock que experimentó la sociedad española tras la Guerra Civil. Merece la pena detenerse en su magnitud[42]: el país perdió seiscientos mil habitantes entre muertos y

41 «Assignment in Hell» (Citado por Preston en *Arquitectos del terror*).
42 De Riquer, Borja, «La dictadura de Franco», *Historia de España*, vol. 9, 2021.

exiliados. Hubo un colapso del mundo industrial-urbano con una pérdida de trabajadores mayor de la que sufrieron Francia e Italia durante la Segunda Guerra Mundial. En 1930, la población activa en el sector agrario era de un 30 %; en 1940, un 51 %. El sector secundario pasó de un 30 % en 1930 a un 23.6 % en 1940. La sobreoferta de mano de obra en el campo se acercó a niveles de principios del siglo XX, se había retrocedido cuarenta años. Sin embargo, hubo una reducción de un 20 % de la tierra cultivable por la guerra, lo que condujo a un sacrificio masivo de reses y animales domésticos. Los dos bandos se endeudaron en su esfuerzo militar —el republicano pagó con oro del Banco de España; la deuda que contrajo Franco no se saldó hasta 1967—. Mientras tanto, el país pasó a importar un 50 % del algodón que compraba en preguerra, el petróleo pasó a un tercio de lo que llegaba en 1935 y se tuvieron que racionar los combustibles. En 1953, se alcanzó el mismo número de matriculaciones de vehículos anterior a la guerra. Hasta 1950 no se recuperó la producción industrial de 1930, pero en 1952 el 20 % de la maquinaria de Catalunya era aún del siglo XIX. El consumo por habitante en 1950 era la mitad que el de 1930. En 1960, la renta per cápita comparada con los países del entorno había descendido con respecto a 1929. Incluso a Portugal le fue mejor: en 1929 la de España era un 140 % comparada con la lusa y en 1960, un 101 %. Si los países que hicieron la Segunda Guerra Mundial tardaron entre cinco y ocho años en recuperar los niveles de 1939, a España le costó, como mínimo, quince años. Los salarios no llegaban al 50 % de los de 1935. Los accidentes de trabajo se duplicaron. El incremento del coste de la vida ascendió un 550 %; los alimentos básicos, un 750 %. En 1950, se consumía por persona la mitad de pan, la cuarta parte de aceite, la quinta de patatas y la sexta de arroz que en 1936. Aumentó la prevalencia de las enfermedades de pobres, como tifus, sarna, meningitis. Hubo veinticinco mil muertos al año por tuberculosis. La esperanza de vida se redujo a cuarenta y siete años, muy por debajo de la de 1930.

Ante esta situación, el drama para Aguilera fue que Franco había reducido el papel de la aristocracia a algo testimonial.

Dice su biógrafo que la posguerra *aislacionista* se le hizo «asfixiante», pero cuando llegó el desarrollismo y la sociedad fue saliendo del hoyo en el que la habían metido, interpretó esos cambios como «involutivos». Lo que no podía soportar era que el Régimen estuviera copado por funcionarios de clase media. Del nuevo orden, lo que le molestaba era no ser él la figura más prominente del lugar por su rancio abolengo, mientras que el alcalde, gracias a su sumisión sin condiciones a Franco, se atrevía a multarle cuando su linaje venía de estar «sirviendo en las cuadras», como le dijo en una ocasión. En los artículos de la prensa local, se puede ver sintetizado su problema disociativo de la realidad de su tiempo. El gobierno de Clement Attlee en Reino Unido está considerado como uno de los más importantes y transformadores de la historia británica. Fue el que instituyó el estado del bienestar, con la creación del NHS y otras medidas, y logró una mejora de las condiciones de vida y pleno empleo pese a las limitaciones de la posguerra. En cambio, cuando se acercaba el final de este gobierno y su legado era visible, a Aguilera lo que le enervaba era que había arruinado el Imperio Británico al retirarse de India, Pakistán, Birmania y Ceilán.

Por todo ello, el juicio histórico que merece es el de un verdadero excéntrico. De enorme cultura y lector voraz, mantuvo una mentalidad anacrónica. Era capaz de distinguir la estupidez de la religión, hasta se posicionó a favor de los anticonceptivos, pero no de la aristocracia, los caballeros y sus reinos e imperios. Se podría decir que estaba hecho todo un Quijote, pero el inmortal hidalgo nunca hubiera pronunciado sus palabras sobre la represión del 18 de julio.

Y es en este punto donde, a la vista de la actualidad, del camino que lleva la sociedad en la que vivimos, cuesta mucho no pensar que el capitán Gonzalo de Aguilera Munro, conde de Alba de Yeltes, hoy habría sido un genio de las redes sociales, tendría cientos de miles de seguidores en X. Su teoría sobre el alcantarillado aplicada a, por ejemplo, los inmigrantes que se ahogan en el Mediterráneo, habría sido recibida con carcajadas entre la creciente y resucitada extrema derecha española. Seguro que se le habrían ocurrido golpes de efecto extraordinarios para recomendar qué hacer con los menas. Por no hablar de su idealización del pasado, que hoy causa sensación. Posiblemente, muchos fragmentos con sus teorías eugenésicas se podrían tuitear hoy sin tocar ni una coma y serían bien recibidos. Como hombre de acción que fue en situaciones extremas, sus directos provocando a la gente en el Raval barcelonés, por ejemplo, podrían haber sido épicos. Y ni que decir tiene que Dugin le parecería el gran filósofo que necesita el siglo y Rusia la única nación que ha entendido que el enemigo de la civilización son las élites globalistas. Sin duda, le habría sido mucho más fácil vivir hoy. Habría logrado tener muchos amigos, que siempre le faltaron, y seguro que habría sido venerado por una base importante de seguidores, lo que siempre añoró, ser un erudito respetado y escuchado. Además, como enamorado del progreso técnico-científico, se habría adaptado a las mil maravillas a la Inteligencia Artificial y otros tantos quebraderos de cabeza contemporáneos. Aguilera querría haber habitado el siglo XII, pero seguramente su lugar era el XXI, junto a nosotros.

AGRADECIMIENTOS

Gracias a Alfredo González Ruibal por descubrirme el trabajo de Borja de Riquer; gracias también al resto de historiadores profesionales citados en la obra —especialmente a Preston y Arias—, y gracias a Arturo Ezquerro por su valioso punto de vista. Y más gracias aún a Jelena, padre y Ángel Alonso por la lectura beta y sus consejos, y a Sonia por la foto.

También en esta colección:

El nombre de Calomarde pertenece a los más oscuro, abyecto y olvidable de la historia. Frente a la fuerza de un Rasputín o de un Hoover, que pueden ser personajes históricos equivalentes, Calomarde se ha quedado en un chiste. No es tan raro, en un país que tiende a contarse más como comedia que como tragedia, pero da pena tanto desaprovechamiento. Alguien que podría haber sido un Shylock ibérico o una Lady Macbeth: el que susurra a los oídos de los príncipes, el que conspira de madrugada para estrangular a sus enemigos, el que apuñala a su amo mientras le ofrece, obsequioso, la patita. Claro que tampoco fue eso exactamente, porque el príncipe al que susurraba, el terrible Fernando VII, no era un cándido con el seso sorbido. Digamos que Calomarde fue más cómplice útil de un criminal que instigador de crímenes. Un brazo ejecutor, el que mandaba en lo que los periodistas de hoy llamarían las cloacas del Estado. Fue, de hecho, el primer capo de esas cloacas, que él mismo inauguró —antes, casi no había ni Estado en España, como para tener cloacas—.